TRANZLATY
El idioma es para todos
Limba este pentru toată lumea

El llamado de lo salvaje

Chemarea Sălbăticiei

Jack London

Español / Română

Copyright © 2025 Tranzlaty
All rights reserved
Published by Tranzlaty
ISBN: 978-1-80572-868-9
Original text by Jack London
The Call of the Wild
First published in 1903
www.tranzlaty.com

Hacia lo primitivo
În primitiv

Buck no leía los periódicos.
Buck nu citea ziarele.
Si hubiera leído los periódicos habría sabido que se avecinaban problemas.
Dacă ar fi citit ziarele, ar fi știut că se apropie necazuri.
Hubo problemas, no sólo para él sino para todos los perros de la marea.
Nu existau necazuri doar pentru el, ci pentru fiecare câine de la Tidewater.
Todo perro con músculos fuertes y pelo largo y cálido iba a estar en problemas.
Orice câine puternic mușchi și cu păr lung și cald urma să aibă probleme.
Desde Puget Bay hasta San Diego ningún perro podía escapar de lo que se avecinaba.
De la Golful Puget până la San Diego, niciun câine nu putea scăpa de ceea ce urma să se întâmple.
Los hombres, a tientas en la oscuridad del Ártico, encontraron un metal amarillo.
Bărbați, bâjbâind în întunericul arctic, găsiseră un metal galben.
Las compañías navieras y de transporte iban en busca del descubrimiento.
Companiile de transport cu aburi și nave cu aburi urmăreau descoperirea.
Miles de hombres se precipitaron hacia el norte.
Mii de bărbați se năpusteau spre Țara Nordului.
Estos hombres querían perros, y los perros que querían eran perros pesados.
Acești bărbați își doreau câini, iar câinii pe care și-i doreau erau câini grei.
Perros con músculos fuertes para trabajar.
Câini cu mușchi puternici cu care să trudească.
Perros con abrigos peludos para protegerlos de las heladas.

Câini cu blană pentru a-i proteja de îngheț.

Buck vivía en una casa grande en el soleado valle de Santa Clara.
Buck locuia într-o casă mare în Valea Santa Clara sărutată de soare.
El lugar del juez Miller, se llamaba su casa.
Casa judecătorului Miller, casa lui era numită.
Su casa estaba apartada de la carretera, medio oculta entre los árboles.
Casa lui stătea departe de drum, pe jumătate ascunsă printre copaci.
Se podían ver destellos de la amplia terraza que rodeaba la casa.
Se putea zări veranda largă care înconjura casa.
Se accedía a la casa mediante caminos de grava.
Se intra în casă pe alei pietruite.
Los caminos serpenteaban a través de amplios prados.
Cărările șerpuiau prin peluze întinse.
Allá arriba se veían las ramas entrelazadas de altos álamos.
Deasupra se înălțau crengile împletite ale plopilor înalți.
En la parte trasera de la casa las cosas eran aún más espaciosas.
În spatele casei lucrurile erau și mai spațioase.
Había grandes establos, donde una docena de mozos de cuadra charlaban.
Erau grajduri mari, unde o duzină de miri stăteau de vorbă
Había hileras de casas de servicio cubiertas de enredaderas.
Erau rânduri de căsuțe ale servitorilor acoperite cu viță de vie
Y había una interminable y ordenada serie de letrinas.
Și exista o serie nesfârșită și ordonată de latrine
Largos parrales, verdes pastos, huertos y campos de bayas.
Pergole lungi de viță de vie, pășuni verzi, livezi și pășuni de fructe de pădure.
Luego estaba la planta de bombeo del pozo artesiano.
Apoi a fost stația de pompare pentru fântâna arteziană.
Y allí estaba el gran tanque de cemento lleno de agua.

Și acolo era rezervorul mare de ciment umplut cu apă.
Aquí los muchachos del juez Miller dieron su chapuzón matutino.
Aici și-au făcut băieții judecătorului Miller saltul de dimineață.
Y allí también se refrescaron en la calurosa tarde.
Și s-au răcorit și acolo în după-amiaza fierbinte.
Y sobre este gran dominio, Buck era quien lo gobernaba todo.
Și peste acest mare domeniu, Buck era cel care îl stăpânea pe tot.
Buck nació en esta tierra y vivió aquí todos sus cuatro años.
Buck s-a născut pe acest pământ și a locuit aici toți cei patru ani ai săi.
Efectivamente había otros perros, pero realmente no importaban.
Într-adevăr, existau și alți câini, dar nu contau cu adevărat.
En un lugar tan vasto como éste se esperaban otros perros.
Se așteptau și alți câini într-un loc atât de vast ca acesta.
Estos perros iban y venían, o vivían dentro de las concurridas perreras.
Acești câini veneau și plecau sau locuiau în canise aglomerate.
Algunos perros vivían escondidos en la casa, como Toots e Ysabel.
Unii câini locuiau ascunși în casă, cum făceau Toots și Ysabel.
Toots era un pug japonés, Ysabel una perra mexicana sin pelo.
Toots era un mops japonez, iar Ysabel o câine mexicană fără păr.
Estas extrañas criaturas rara vez salían de la casa.
Aceste creaturi ciudate ieșeau rareori din casă.
No tocaron el suelo ni olieron el aire libre del exterior.
Nu au atins pământul și nici nu au adulmecat aerul liber de afară.
También estaban los fox terriers, al menos veinte en número.
Mai erau și fox terrieri, cel puțin douăzeci la număr.
Estos terriers le ladraron ferozmente a Toots y a Ysabel dentro de la casa.

Acești terrieri lătrau aprig la Toots și Ysabel înăuntru.
Toots e Ysabel se quedaron detrás de las ventanas, a salvo de todo daño.
Toots și Ysabel au rămas în spatele ferestrelor, la adăpost de orice pericol.
Estaban custodiados por criadas con escobas y trapeadores.
Erau păziți de menajere cu mături și mopuri.
Pero Buck no era un perro de casa ni tampoco de perrera.
Dar Buck nu era câine de casă și nici câine de canisă.
Toda la propiedad pertenecía a Buck como su legítimo reino.
Întreaga proprietate îi aparținea lui Buck ca tărâm de drept.
Buck nadaba en el tanque o salía a cazar con los hijos del juez.
Buck înota în bazin sau mergea la vânătoare cu fiii judecătorului.
Caminaba con Mollie y Alice temprano o tarde.
Se plimba cu Mollie și Alice la primele ore sau la sfârșitul nopții.
En las noches frías yacía junto al fuego de la biblioteca con el juez.
În nopțile reci, stătea întins în fața focului din bibliotecă împreună cu judecătorul.
Buck llevaba a los nietos del juez en su fuerte espalda.
Buck i-a călărit pe nepoții judecătorului pe spatele său puternic.
Se revolcó en el césped con los niños, vigilándolos de cerca.
Se rostogolea prin iarbă cu băieții, păzindu-i îndeaproape.
Se aventuraron hasta la fuente e incluso pasaron por los campos de bayas.
S-au îndrăznit să meargă până la fântână și chiar pe lângă câmpurile de fructe de pădure.
Entre los fox terriers, Buck caminaba siempre con orgullo real.
Printre fox terrierii, Buck umbla întotdeauna cu o mândrie regală.
Él ignoró a Toots y Ysabel, tratándolos como si fueran aire.

I-a ignorat pe Toots și Ysabel, tratându-i ca și cum ar fi fost aer.
Buck reinaba sobre todas las criaturas vivientes en la tierra del juez Miller.
Buck domnea peste toate creaturile vii de pe pământul judecătorului Miller.
Él gobernaba a los animales, a los insectos, a los pájaros e incluso a los humanos.
El a domnit peste animale, insecte, păsări și chiar peste oameni.
El padre de Buck, Elmo, había sido un San Bernardo enorme y leal.
Tatăl lui Buck, Elmo, fusese un Saint Bernard uriaș și loial.
Elmo nunca se apartó del lado del juez y le sirvió fielmente.
Elmo nu s-a depărtat niciodată de judecător și i-a slujit cu credință.
Buck parecía dispuesto a seguir el noble ejemplo de su padre.
Buck părea gata să urmeze exemplul nobil al tatălui său.
Buck no era tan grande: pesaba ciento cuarenta libras.
Buck nu era chiar atât de mare, cântărind o sută patruzeci de kilograme.
Su madre, Shep, había sido una excelente perra pastor escocesa.
Mama lui, Shep, fusese un excelent câine ciobănesc scoțian.
Pero incluso con ese peso, Buck caminaba con presencia majestuosa.
Dar chiar și cu greutatea aceea, Buck pășea cu o prezență regală.
Esto fue gracias a la buena comida y al respeto que siempre recibió.
Asta provenea din mâncarea bună și respectul de care primea întotdeauna.
Durante cuatro años, Buck había vivido como un noble mimado.
Timp de patru ani, Buck trăise ca un nobil răsfățat.
Estaba orgulloso de sí mismo y hasta era un poco egoísta.

Era mândru de sine și chiar ușor egoist.
Ese tipo de orgullo era común entre los señores de países remotos.
Acest tip de mândrie era des întâlnit la lorzii din țările îndepărtate.
Pero Buck se salvó de convertirse en un perro doméstico mimado.
Dar Buck s-a salvat de la a deveni câinele răsfățat al gospodăriei.
Se mantuvo delgado y fuerte gracias a la caza y el ejercicio.
A rămas suplu și puternic prin vânătoare și exerciții fizice.
Amaba profundamente el agua, como la gente que se baña en lagos fríos.
Iubea profund apa, asemenea oamenilor care se scaldă în lacuri reci.
Este amor por el agua mantuvo a Buck fuerte y muy saludable.
Această dragoste pentru apă l-a menținut pe Buck puternic și foarte sănătos.
Éste era el perro en que se había convertido Buck en el otoño de 1897.
Acesta era câinele în care devenise Buck în toamna anului 1897.
Cuando la huelga de Klondike arrastró a los hombres hacia el gélido Norte.
Când atacul din Klondike i-a atras pe oameni spre Nordul înghețat.
La gente acudió en masa desde todos los rincones del mundo hacia aquella tierra fría.
Oamenii s-au grăbit din toată lumea în țara rece.
Buck, sin embargo, no leía los periódicos ni entendía las noticias.
Buck, însă, nu citea ziarele și nici nu înțelegea știrile.
Él no sabía que Manuel era un mal hombre con quien estar.
Nu știa că Manuel era un om rău în preajma lui.
Manuel, que ayudaba en el jardín, tenía un problema profundo.

Manuel, care ajuta în grădină, avea o problemă gravă.
Manuel era adicto al juego de la lotería china.
Manuel era dependent de jocurile de noroc la loteria chineză.
También creía firmemente en un sistema fijo para ganar.
De asemenea, el credea cu tărie într-un sistem fix de câştig.
Esa creencia hizo que su fracaso fuera seguro e inevitable.
Această credinţă a făcut ca eşecul său să fie sigur şi inevitabil.
Jugar con un sistema exige dinero, del que Manuel carecía.
Jocul la sistem necesită bani, lucru de care Manuel nu avea.
Su salario apenas alcanzaba para mantener a su esposa y a sus numerosos hijos.
Salariul său abia îi întreţinea soţia şi numeroşii copii.
La noche en que Manuel traicionó a Buck, las cosas estaban normales.
În noaptea în care Manuel l-a trădat pe Buck, lucrurile erau normale.
El juez estaba en una reunión de la Asociación de Productores de Pasas.
Judecătorul a fost la o întâlnire a Asociaţiei Cultivatorilor de Stafide.
Los hijos del juez estaban entonces ocupados formando un club atlético.
Fiii judecătorului erau ocupaţi pe atunci cu înfiinţarea unui club sportiv.
Nadie vio a Manuel y Buck salir por el huerto.
Nimeni nu i-a văzut pe Manuel şi Buck plecând prin livadă.
Buck pensó que esta caminata era simplemente un simple paseo nocturno.
Buck credea că plimbarea asta era doar o simplă plimbare nocturnă.
Se encontraron con un solo hombre en la estación de la bandera, en College Park.
Au întâlnit un singur bărbat la staţia de steaguri, din College Park.
Ese hombre habló con Manuel y intercambiaron dinero.
Bărbatul acela a vorbit cu Manuel şi au făcut schimb de bani.
"Envuelva la mercancía antes de entregarla", sugirió.

„Împachetați marfa înainte să o livrați", a sugerat el.
La voz del hombre era áspera e impaciente mientras hablaba.
Vocea bărbatului era răgușită și nerăbdătoare în timp ce vorbea.
Manuel ató cuidadosamente una cuerda gruesa alrededor del cuello de Buck.
Manuel a legat cu grijă o frânghie groasă în jurul gâtului lui Buck.
"Si retuerces la cuerda, lo estrangularás bastante"
„Răsucește frânghia și îl vei sufoca de tot"
El extraño emitió un gruñido, demostrando que entendía bien.
Străinul a mormăit, arătând că a înțeles bine.
Buck aceptó la cuerda con calma y tranquila dignidad ese día.
În ziua aceea, Buck a acceptat frânghia cu calm și demnitate liniștită.
Fue un acto inusual, pero Buck confiaba en los hombres que conocía.
A fost un act neobișnuit, dar Buck avea încredere în oamenii pe care îi cunoștea.
Él creía que su sabiduría iba mucho más allá de su propio pensamiento.
El credea că înțelepciunea lor depășea cu mult propria sa gândire.
Pero entonces la cuerda fue entregada a manos del extraño.
Dar apoi frânghia a fost înmânată în mâinile străinului.
Buck emitió un gruñido bajo que advertía con una amenaza silenciosa.
Buck a mârâit înăbușit, avertizând cu o amenințare liniștită.
Era orgulloso y autoritario y quería mostrar su descontento.
Era mândru și autoritar și voia să-și arate nemulțumirea.
Buck creyó que su advertencia sería entendida como una orden.
Buck credea că avertismentul său va fi înțeles ca un ordin.
Para su sorpresa, la cuerda se tensó rápidamente alrededor de su grueso cuello.

Spre șocul lui, frânghia s-a strâns repede în jurul gâtului său gros.
Se quedó sin aire y comenzó a luchar con una furia repentina.
I s-a tăiat suflul și a început să se lupte, cuprins de o furie bruscă.
Saltó hacia el hombre, quien rápidamente se encontró con Buck en el aire.
A sărit asupra bărbatului, care l-a întâlnit repede pe Buck în aer.
El hombre agarró la garganta de Buck y lo retorció hábilmente en el aire.
Bărbatul l-a apucat pe Buck de gât și l-a răsucit cu abilitate în aer.
Buck fue arrojado al suelo con fuerza, cayendo de espaldas.
Buck a fost aruncat puternic, aterizând pe spate.
La cuerda ahora lo estrangulaba cruelmente mientras él pateaba salvajemente.
Frânghia îl sufoca acum crud, în timp ce el lovea sălbatic.
Se le cayó la lengua, su pecho se agitó, pero no recuperó el aliento.
Limba i-a căzut, pieptul i s-a ridicat, dar nu a mai tras aer în piept.
Nunca había sido tratado con tanta violencia en su vida.
Nu fusese tratat niciodată cu atâta violență în viața lui.
Tampoco nunca antes se había sentido tan lleno de furia.
Niciodată nu mai fusese cuprins de o furie atât de profundă.
Pero el poder de Buck se desvaneció y sus ojos se volvieron vidriosos.
Dar puterea lui Buck s-a stins, iar ochii i s-au încețoșat.
Se desmayó justo cuando un tren se detuvo cerca.
A leșinat exact când un tren era oprit în apropiere.
Luego los dos hombres lo arrojaron rápidamente al vagón de equipaje.
Apoi, cei doi bărbați l-au aruncat repede în vagonul de bagaje.
Lo siguiente que sintió Buck fue dolor en su lengua hinchada.

Următorul lucru pe care l-a simțit Buck a fost o durere în limba umflată.

Se desplazaba en un carro tambaleante, apenas consciente.

Se mișca într-o căruță tremurândă, doar vag conștient.

El agudo grito del silbato del tren le indicó a Buck su ubicación.

Scârțâitul ascuțit al fluierului unui tren i-a spus lui Buck unde se afla.

Había viajado muchas veces con el Juez y conocía esa sensación.

Călărise adesea cu Judecătorul și cunoștea sentimentul.

Fue una experiencia única viajar nuevamente en un vagón de equipajes.

A fost șocul unic al călătoriei din nou într-un vagon de bagaje.

Buck abrió los ojos y su mirada ardía de rabia.

Buck deschise ochii, iar privirea îi ardea de furie.

Esta fue la ira de un rey orgulloso destronado.

Aceasta a fost mânia unui rege mândru, luat de pe tron.

Un hombre intentó agarrarlo, pero Buck lo atacó primero.

Un bărbat a întins mâna să-l apuce, dar Buck a lovit primul.

Hundió los dientes en la mano del hombre y la sujetó con fuerza.

Și-a înfipt dinții în mâna bărbatului și a strâns-o strâns.

No lo soltó hasta que se desmayó por segunda vez.

Nu l-a lăsat până nu a leșinat a doua oară.

—Sí, tiene ataques —murmuró el hombre al maletero.

„Da, are crize de nervi", a mormăit bărbatul către bagajist.

El maletero había oído la lucha y se acercó.

Bagajerul auzise lupta și se apropiase.

"Lo llevaré a Frisco para el jefe", explicó el hombre.

„Îl duc la Frisco pentru șef", a explicat bărbatul.

"Allí hay un buen veterinario que dice poder curarlos".

„Există acolo un cinolog bun care spune că le poate vindeca."

Más tarde esa noche, el hombre dio su propio relato completo.

Mai târziu în acea seară, bărbatul și-a dat propria relatare completă.

Habló desde un cobertizo detrás de un salón en los muelles.
A vorbit dintr-un șopron din spatele unui saloon de pe docuri.
"Lo único que me dieron fueron cincuenta dólares", se quejó al tabernero.
„Tot ce mi s-au dat au fost cincizeci de dolari", s-a plâns el cârciumii.
"No lo volvería a hacer ni por mil dólares en efectivo".
„N-aș mai face-o, nici măcar pentru o mie de dolari cash."
Su mano derecha estaba fuertemente envuelta en un paño ensangrentado.
Mâna dreaptă îi era înfășurată strâns într-o pânză însângerată.
La pernera de su pantalón estaba abierta de par en par desde la rodilla hasta el pie.
Cracul pantalonilor îi era rupt larg de la genunchi până la picioare.
—¿Cuánto le pagaron al otro tipo? —preguntó el tabernero.
„Cât a fost plătită cealaltă cană?", a întrebat vânzătorul de la cârciumă.
"Cien", respondió el hombre, "no aceptaría ni un centavo menos".
„O sută", a răspuns bărbatul, „n-ar lua niciun cent mai puțin."
—Eso suma ciento cincuenta —dijo el tabernero.
„Asta face o sută cincizeci", spuse vânzătorul de la cârciumă.
"Y él lo vale todo, o no soy más que un idiota".
„Și merită totul, altfel nu sunt mai bun decât un nesimțit."
El hombre abrió los envoltorios para examinar su mano.
Bărbatul a deschis ambalajele ca să-și examineze mâna.
La mano estaba gravemente desgarrada y cubierta de sangre seca.
Mâna era ruptă rău și plină de sânge uscat.
"Si no consigo la hidrofobia..." empezó a decir.
„Dacă nu fac hidrofobie..." a început el să spună.
"Será porque naciste para la horca", dijo entre risas.
„O fi pentru că te-ai născut ca să spânzuri", s-a auzit un râs.
"Ven a ayudarme antes de irte", le pidieron.
„Vino să mă ajuți înainte să pleci", i s-a cerut.
Buck estaba aturdido por el dolor en la lengua y la garganta.

Buck era amețit de durerea din limbă și gât.
Estaba medio estrangulado y apenas podía mantenerse en pie.
Era pe jumătate strangulat și abia se mai putea ține în picioare.
Aún así, Buck intentó enfrentar a los hombres que lo habían lastimado.
Totuși, Buck încerca să-i înfrunte pe bărbații care îl răniseră atât de mult.
Pero lo derribaron y lo estrangularon una vez más.
Dar l-au trântit la pământ și l-au strangulat încă o dată.
Sólo entonces pudieron quitarle el pesado collar de bronce.
Abia atunci i-au putut tăia gulerul greu de alamă.
Le quitaron la cuerda y lo metieron en una caja.
Au scos frânghia și l-au împins într-o ladă.
La caja era pequeña y tenía la forma de una tosca jaula de hierro.
Lada era mică și avea forma unei cuști brute de fier.
Buck permaneció allí toda la noche, lleno de ira y orgullo herido.
Buck a zăcut acolo toată noaptea, cuprins de mânie și mândrie rănită.
No podía ni siquiera empezar a comprender lo que le estaba pasando.
Nu putea începe să înțeleagă ce i se întâmplă.
¿Por qué estos hombres extraños lo mantenían en esa pequeña caja?
De ce îl țineau acești bărbați ciudați în această ladă mică?
¿Qué querían de él y por qué este cruel cautiverio?
Ce voiau de la el și de ce această captivitate crudă?
Sintió una presión oscura; una sensación de desastre que se acercaba.
Simțea o apăsare întunecată; un sentiment că dezastrul se apropia.
Era un miedo vago, pero que se apoderó pesadamente de su espíritu.
Era o frică vagă, dar i-a apăsat puternic sufletul.
Saltó varias veces cuando la puerta del cobertizo vibró.

De câteva ori a sărit în sus când uşa şopronului a zăngănit.
Esperaba que el juez o los muchachos aparecieran y lo rescataran.
Se aştepta ca judecătorul sau băieţii să apară şi să-l salveze.
Pero cada vez sólo se asomaba el rostro gordo del tabernero.
Dar doar faţa grasă a cârciumarului se ivea înăuntru de fiecare dată.
El rostro del hombre estaba iluminado por el tenue resplandor de una vela de sebo.
Faţa bărbatului era luminată de strălucirea slabă a unei lumânări de seu.
Cada vez, el alegre ladrido de Buck cambiaba a un gruñido bajo y enojado.
De fiecare dată, lătratul vesel al lui Buck se schimba într-un mârâit înăbuşit şi furios.

El tabernero lo dejó solo durante la noche en el cajón.
Cârciumarul l-a lăsat singur peste noapte în ladă
Pero cuando se despertó por la mañana, venían más hombres.
Dar când s-a trezit dimineaţa, veneau mai mulţi bărbaţi.
Llegaron cuatro hombres y recogieron la caja con cuidado y sin decir palabra.
Patru bărbaţi au venit şi au ridicat cu grijă lada fără un cuvânt.
Buck supo de inmediato en qué situación se encontraba.
Buck şi-a dat seama imediat în ce situaţie se afla.
Eran otros torturadores contra los que tenía que luchar y a los que tenía que temer.
Ei erau în plus nişte chinuitori cu care trebuia să lupte şi de care trebuia să se teamă.
Estos hombres parecían malvados, andrajosos y muy mal arreglados.
Aceşti bărbaţi arătau răi, zdrenţăroşi şi foarte prost îngrijiţi.
Buck gruñó y se abalanzó sobre ellos ferozmente a través de los barrotes.
Buck a mârâit şi s-a năpustit asupra lor cu ferocitate printre gratii.

Ellos simplemente se rieron y lo golpearon con largos palos de madera.
Au râs doar și l-au înțepat cu bețe lungi de lemn.
Buck mordió los palos y luego se dio cuenta de que eso era lo que les gustaba.
Buck a mușcat bețele, apoi și-a dat seama că asta le plăcea.
Así que se quedó acostado en silencio, hosco y ardiendo de rabia silenciosa.
Așa că s-a întins liniștit, posomorât și arzând de o furie tăcută.
Subieron la caja a un carro y se fueron con él.
Au ridicat lada într-o căruță și au plecat cu el.
La caja, con Buck encerrado dentro, cambiaba de manos a menudo.
Lada, cu Buck încuiat înăuntru, își schimba des proprietarii.
Los empleados de la oficina exprés se hicieron cargo de él y lo atendieron brevemente.
Funcționarii de la biroul expres au preluat controlul și s-au ocupat de el pentru scurt timp.
Luego, otro carro transportó a Buck a través de la ruidosa ciudad.
Apoi, o altă căruță l-a dus pe Buck prin orașul gălăgios.
Un camión lo llevó con cajas y paquetes a un ferry.
Un camion l-a dus cu cutii și colete pe un feribot.
Después de cruzar, el camión lo descargó en una estación ferroviaria.
După ce a traversat, camionul l-a descărcat la o gară.
Finalmente, colocaron a Buck dentro de un vagón expreso que lo esperaba.
În cele din urmă, Buck a fost plasat într-un vagon expres care îl aștepta.
Durante dos días y dos noches, los trenes arrastraron el vagón expreso.
Timp de două zile și două nopți, trenurile au retras vagonul expres.
Buck no comió ni bebió durante todo el doloroso viaje.
Buck nici nu a mâncat, nici nu a băut pe tot parcursul călătoriei dureroase.

Cuando los mensajeros expresos intentaron acercarse a él, gruñó.
Când mesagerii expres au încercat să se apropie de el, a mârâit.
Ellos respondieron burlándose de él y molestándolo cruelmente.
Ei au răspuns batjocorindu-l și tachinându-l cu cruzime.
Buck se arrojó contra los barrotes, echando espuma y temblando.
Buck s-a aruncat la gratii, spumând și tremurând
Se rieron a carcajadas y se burlaron de él como matones del patio de la escuela.
au râs în hohote și l-au batjocorit ca niște bătăuși din curtea școlii.
Ladraban como perros de caza y agitaban los brazos.
Lătrau ca niște câini falși și dădeau din brațe.
Incluso cantaron como gallos sólo para molestarlo más.
Au chiar cântat ca cocoșii doar ca să-l supere și mai mult.
Fue un comportamiento tonto y Buck sabía que era ridículo.
Era un comportament prostesc, iar Buck știa că era ridicol.
Pero eso sólo profundizó su sentimiento de indignación y vergüenza.
Dar asta nu a făcut decât să-i adâncească sentimentul de indignare și rușine.
Durante el viaje no le molestó mucho el hambre.
Nu l-a deranjat prea mult foamea în timpul călătoriei.
Pero la sed traía consigo un dolor agudo y un sufrimiento insoportable.
Dar setea aducea dureri ascuțite și suferințe insuportabile.
Su garganta y lengua secas e inflamadas ardían de calor.
Gâtul și limba lui uscate și inflamate ardeau de căldură.
Este dolor alimentó la fiebre que crecía dentro de su orgulloso cuerpo.
Această durere hrănea febra care îi creștea în trupul mândru.
Buck estuvo agradecido por una sola cosa durante esta prueba.

Buck a fost recunoscător pentru un singur lucru în timpul acestui proces.
Le habían quitado la cuerda que le rodeaba el grueso cuello.
Frânghia fusese scoasă de la gâtul său gros.
La cuerda había dado a esos hombres una ventaja injusta y cruel.
Frânghia le dăduse acelor oameni un avantaj nedrept și crud.
Ahora la cuerda había desaparecido y Buck juró que nunca volvería.
Acum frânghia dispăruse, iar Buck jura că nu se va mai întoarce niciodată.
Decidió que nunca más volvería a pasarle una cuerda al cuello.
A hotărât că nicio frânghie nu i se va mai pune vreodată în jurul gâtului.
Durante dos largos días y noches sufrió sin comer.
Timp de două zile și nopți lungi, a suferit fără mâncare.
Y en esas horas se fue acumulando en su interior una rabia enorme.
Și în acele ore, a acumulat o furie enormă în sinea lui.
Sus ojos se volvieron inyectados en sangre y salvajes por la ira constante.
Ochii i s-au înroșit și s-au sălbăticit de la furia constantă.
Ya no era Buck, sino un demonio con mandíbulas chasqueantes.
Nu mai era Buck, ci un demon cu fălci ascuțite.
Ni siquiera el juez habría reconocido a esta loca criatura.
Nici măcar judecătorul n-ar fi recunoscut această creatură nebună.
Los mensajeros exprés suspiraron aliviados cuando llegaron a Seattle.
Curierii expres au oftat ușurați când au ajuns la Seattle
Cuatro hombres levantaron la caja y la llevaron a un patio trasero.
Patru bărbați au ridicat lada și au dus-o într-o curte din spate.
El patio era pequeño, rodeado de muros altos y sólidos.
Curtea era mică, înconjurată de ziduri înalte și solide.

Un hombre corpulento salió con una camisa roja holgada.
Un bărbat masiv a ieșit într-un pulover roșu, uzat.
Firmó el libro de entrega con letra gruesa y atrevida.
A semnat registrul de livrare cu o mână groasă și îndrăzneață.
Buck sintió de inmediato que este hombre era su próximo torturador.
Buck a simțit imediat că acest om era următorul său chinuitor.
Se abalanzó violentamente contra los barrotes, con los ojos rojos de furia.
S-a năpustit violent asupra gratiilor, cu ochii roșii de furie.
El hombre simplemente sonrió oscuramente y fue a buscar un hacha.
Bărbatul doar a zâmbit sumbru și s-a dus să aducă un secure.
También traía un garrote en su gruesa y fuerte mano derecha.
De asemenea, a adus o crosă în mâna sa dreaptă groasă și puternică.
"¿Vas a sacarlo ahora?" preguntó preocupado el conductor.
„Aveți de gând să-l scoateți acum?", a întrebat șoferul, îngrijorat.
—Claro —dijo el hombre, metiendo el hacha en la caja a modo de palanca.
— Sigur, spuse bărbatul, înfigând securea în ladă ca pe o pârghie.
Los cuatro hombres se dispersaron instantáneamente y saltaron al muro del patio.
Cei patru bărbați s-au împrăștiat instantaneu, sărind pe zidul curții.
Desde sus lugares seguros arriba, esperaban para observar el espectáculo.
Din locurile lor sigure de sus, așteptau să privească spectacolul.
Buck se abalanzó sobre la madera astillada, mordiéndola y sacudiéndola ferozmente.
Buck s-a năpustit asupra lemnului crăpat, mușcând și tremurând puternic.

Cada vez que el hacha golpeaba la jaula, Buck estaba allí para atacarla.
De fiecare dată când securea lovea cușca, Buck era acolo să o atace.
Gruñó y chasqueó los dientes con furia salvaje, ansioso por ser liberado.
A mârâit și a izbucnit cu o furie sălbatică, nerăbdător să fie eliberat.
El hombre que estaba afuera estaba tranquilo y firme, concentrado en su tarea.
Bărbatul de afară era calm și echilibrat, concentrat asupra sarcinii sale.
"Muy bien, demonio de ojos rojos", dijo cuando el agujero fue grande.
„Chiar atunci, diavol cu ochi roșii ce ești", a spus el când gaura s-a făcut mare.
Dejó caer el hacha y tomó el garrote con su mano derecha.
A aruncat securea și a luat bâta în mâna dreaptă.
Buck realmente parecía un demonio; con los ojos inyectados en sangre y llameantes.
Buck arăta cu adevărat ca un diavol; ochii lui erau injectați și arzători.
Su pelaje se erizó, le salía espuma por la boca y sus ojos brillaban.
Blana i se zbârli, spuma îi curgea la gură, iar ochii îi sclipeau.
Tensó los músculos y se lanzó directamente hacia el suéter rojo.
Și-a încordat mușchii și a sărit direct asupra puloverului roșu.
Ciento cuarenta libras de furia volaron hacia el hombre tranquilo.
O sută patruzeci de kilograme de furie zburară asupra bărbatului calm.
Justo antes de que sus mandíbulas se cerraran, un golpe terrible lo golpeó.
Chiar înainte ca fălcile să i se încleșteze, l-a lovit o lovitură teribilă.

Sus dientes chasquearon al chocar contra nada más que el aire.
Dinții lui au pocnit împreună în aer
Una sacudida de dolor resonó a través de su cuerpo
o zdruncinătură de durere i-a răsunat prin corp
Dio una vuelta en el aire y se estrelló sobre su espalda y su costado.
S-a răsturnat în aer și s-a prăbușit pe spate și pe o parte.
Nunca antes había sentido el golpe de un garrote y no podía agarrarlo.
Nu simțise niciodată lovitura unei măciuci și nu o putea suporta.
Con un gruñido estridente, mitad ladrido, mitad grito, saltó de nuevo.
Cu un mârâit ascuțit, pe jumătate lătrat, pe jumătate țipăt, a sărit din nou.
Otro golpe brutal lo alcanzó y lo arrojó al suelo.
O altă lovitură brutală l-a lovit și l-a trântit la pământ.
Esta vez Buck lo entendió: era el pesado garrote del hombre.
De data aceasta Buck a înțeles — era bâta grea a bărbatului.
Pero la rabia lo cegó y no pensó en retirarse.
Dar furia l-a orbit și nu s-a gândit să se retragă.
Doce veces se lanzó y doce veces cayó.
De douăsprezece ori s-a aruncat și de douăsprezece ori a căzut.
El palo de madera lo golpeaba cada vez con una fuerza despiadada y aplastante.
Bâta de lemn îl zdrobea de fiecare dată cu o forță nemiloasă, zdrobitoare.
Después de un golpe feroz, se tambaleó hasta ponerse de pie, aturdido y lento.
După o lovitură puternică, s-a ridicat în picioare clătinându-se, amețit și încet.
Le salía sangre de la boca, de la nariz y hasta de las orejas.
Sângele îi curgea din gură, din nas și chiar din urechi.
Su pelaje, otrora hermoso, estaba manchado de espuma sanguinolenta.

Haina lui odinioară frumoasă era mânjită cu spumă însângerată.

Entonces el hombre se adelantó y le dio un golpe tremendo en la nariz.

Apoi, bărbatul s-a ridicat și a lovit cu răutate nasul.

La agonía fue más aguda que cualquier cosa que Buck hubiera sentido jamás.

Agonia era mai ascuțită decât orice simțise Buck vreodată.

Con un rugido más de bestia que de perro, saltó nuevamente para atacar.

Cu un răget mai degrabă bestial decât de câine, sări din nou să atace.

Pero el hombre se agarró la mandíbula inferior y la torció hacia atrás.

Dar bărbatul și-a prins maxilarul de jos și l-a răsucit înapoi.

Buck se dio una vuelta de cabeza y volvió a caer con fuerza.

Buck s-a răsturnat cu capul peste călcâie, prăbușindu-se din nou cu putere.

Una última vez, Buck cargó contra él, ahora apenas capaz de mantenerse en pie.

Pentru ultima oară, Buck s-a năpustit asupra lui, acum abia mai putând să se ridice în picioare.

El hombre atacó con una sincronización experta, dando el golpe final.

Bărbatul a lovit cu o sincronizare expertă, dând lovitura finală.

Buck se desplomó en un montón, inconsciente e inmóvil.

Buck s-a prăbușit grămadă, inconștient și nemișcat.

"No es ningún inútil a la hora de domar perros, eso es lo que digo", gritó un hombre.

„Nu e prea priceput la dresat câini, asta zic și eu", a strigat un bărbat.

"Druther puede quebrar la voluntad de un perro cualquier día de la semana".

„Druther poate frânge voința unui câine în orice zi a săptămânii."

"¡Y dos veces el domingo!" añadió el conductor.

„Și de două ori duminica!", a adăugat șoferul.

Se subió al carro y tiró de las riendas para partir.
S-a urcat în căruță și a pocnit din hățuri ca să plece.
Buck recuperó lentamente el control de su conciencia.
Buck și-a recăpătat încet controlul asupra conștiinței.
Pero su cuerpo todavía estaba demasiado débil y roto para moverse.
dar corpul său era încă prea slăbit și frânt pentru a se mișca.
Se quedó donde había caído, observando al hombre del suéter rojo.
Zăcea unde căzuse, privindu-l pe bărbatul cu pulover roșu.
"Responde al nombre de Buck", dijo el hombre, leyendo en voz alta.
„Răspunde la numele de Buck", spuse bărbatul, citind cu voce tare.
Citó la nota enviada con la caja de Buck y los detalles.
A citat din biletul trimis odată cu lada și detaliile lui Buck.
—Bueno, Buck, muchacho —continuó el hombre con tono amistoso—.
„Ei bine, Buck, băiatul meu", a continuat bărbatul pe un ton prietenos,
"Hemos tenido nuestra pequeña pelea y ahora todo ha terminado entre nosotros".
„Ne-am certat puțin, iar acum s-a terminat între noi."
"Tú has aprendido cuál es tu lugar y yo he aprendido cuál es el mío", añadió.
„Tu ți-ai învățat locul, iar eu mi-l am învățat pe al meu", a adăugat el.
"Sé bueno y todo irá bien y la vida será placentera".
„Fii cuminte și totul va merge bine, iar viața va fi plăcută."
"Pero si te portas mal, te daré una paliza, ¿entiendes?"
„Dar dacă te porți rău, te voi bate până la fund, ai înțeles?"
Mientras hablaba, extendió la mano y acarició la cabeza dolorida de Buck.
În timp ce vorbea, întinse mâna și mângâie ușor capul dureros al lui Buck.
El cabello de Buck se erizó ante el toque del hombre, pero no se resistió.

Părul lui Buck s-a ridicat la atingerea bărbatului, dar acesta nu a opus rezistență.
El hombre le trajo agua, que Buck bebió a grandes tragos.
Bărbatul i-a adus apă, pe care Buck a băut-o cu înghițituri mari.
Luego vino la carne cruda, que Buck devoró trozo a trozo.
Apoi a urmat carnea crudă, pe care Buck a devorat-o bucată cu bucată.
Sabía que estaba derrotado, pero también sabía que no estaba roto.
Știa că era bătut, dar știa și că nu era frânt.
No tenía ninguna posibilidad contra un hombre armado con un garrote.
Nu avea nicio șansă împotriva unui om înarmat cu o bâtă.
Había aprendido la verdad y nunca olvidó esa lección.
El învățase adevărul și nu uitase niciodată lecția aceea.
Esa arma fue el comienzo de la ley en el nuevo mundo de Buck.
Acea armă a fost începutul legii în noua lume a lui Buck.
Fue el comienzo de un orden duro y primitivo que no podía negar.
Era începutul unei ordini aspre, primitive, pe care nu o putea nega.
Aceptó la verdad; sus instintos salvajes ahora estaban despiertos.
A acceptat adevărul; instinctele sale sălbatice erau acum treze.
El mundo se había vuelto más duro, pero Buck lo afrontó con valentía.
Lumea devenise mai aspră, dar Buck a înfruntat-o cu curaj.
Afrontó la vida con nueva cautela, astucia y fuerza silenciosa.
A întâmpinat viața cu o nouă prudență, viclenie și o putere liniștită.
Llegaron más perros, atados con cuerdas o cajas como había estado Buck.
Au sosit mai mulți câini, legați în frânghii sau cuști, așa cum fuseseră și Buck.

Algunos perros llegaron con calma, otros se enfurecieron y pelearon como bestias salvajes.
Unii câini au venit calm, alții au înfuriat și s-au luptat ca niște fiare sălbatice.
Todos ellos quedaron bajo el dominio del hombre del suéter rojo.
Toți au fost aduși sub stăpânirea bărbatului cu pulover roșu.
Cada vez, Buck observaba y veía cómo se desarrollaba la misma lección.
De fiecare dată, Buck privea și vedea aceeași lecție desfășurându-se.
El hombre con el garrote era la ley, un amo al que había que obedecer.
Omul cu bâta era legea; un stăpân de care trebuia ascultat.
No necesitaba ser querido, pero sí obedecido.
Nu avea nevoie să fie plăcut, dar trebuia ascultat.
Buck nunca adulaba ni meneaba la cola como lo hacían los perros más débiles.
Buck nu a lingușit niciodată și nu a dârât din cap așa cum făceau câinii mai slabi.
Vio perros que estaban golpeados y todavía lamían la mano del hombre.
A văzut câini care erau bătuți și totuși îi lingeau mâna bărbatului.
Vio un perro que no obedecía ni se sometía en absoluto.
A văzut un câine care nu voia să asculte și să se supună deloc.
Ese perro luchó hasta que murió en la batalla por el control.
Câinele acela a luptat până a fost ucis în lupta pentru control.
A veces, desconocidos venían a ver al hombre del suéter rojo.
Uneori, niște străini veneau să-l vadă pe bărbatul cu pulover roșu.
Hablaban en tonos extraños, suplicando, negociando y riendo.
Vorbeau pe un ton ciudat, implorând, târguind și râzând.
Cuando se intercambiaba dinero, se iban con uno o más perros.

Când se schimbau banii, plecau cu unul sau mai mulți câini.
Buck se preguntó a dónde habían ido esos perros, pues ninguno regresaba jamás.
Buck se întreba unde se duc acești câini, căci niciunul nu se mai întorcea vreodată.
El miedo a lo desconocido llenaba a Buck cada vez que un hombre extraño se acercaba.
Frica de necunoscut îl cuprindea pe Buck de fiecare dată când venea un bărbat străin
Se alegraba cada vez que se llevaban a otro perro en lugar de a él mismo.
se bucura de fiecare dată când era luat un alt câine, în loc de el însuși.
Pero finalmente, llegó el turno de Buck con la llegada de un hombre extraño.
Dar, în cele din urmă, a venit rândul lui Buck odată cu sosirea unui bărbat ciudat.
Era pequeño, fibroso y hablaba un inglés deficiente y decía palabrotas.
Era mic, slăbănog și vorbea o engleză stricată și înjura.
—¡Sacredam! —gritó cuando vio el cuerpo de Buck.
„Sacredam!" a strigat el când a pus ochii pe silueta lui Buck.
—¡Qué perro tan bravucón! ¿Eh? ¿Cuánto? —preguntó en voz alta.
„Ăsta e un câine bătăuș! Ăă? Cât costă?", a întrebat el cu voce tare.
"Trescientos, y es un regalo a ese precio".
„Trei sute, și e un cadou la prețul ăsta."
—Como es dinero del gobierno, no deberías quejarte, Perrault.
„Din moment ce sunt bani de la guvern, n-ar trebui să te plângi, Perrault."
Perrault sonrió ante el trato que acababa de hacer con aquel hombre.
Perrault rânji la înțelegerea pe care tocmai o făcuse cu bărbatul.

El precio de los perros se disparó debido a la repentina demanda.
Prețul câinilor a crescut vertiginos din cauza cererii bruște.
Trescientos dólares no era injusto para una bestia tan bella.
Trei sute de dolari nu erau nedrepti pentru o fiară atât de frumoasă.
El gobierno canadiense no perdería nada con el acuerdo
Guvernul canadian nu ar pierde nimic în această înțelegere
Además sus despachos oficiales tampoco sufrirían demoras en el tránsito.
Nici corespondența lor oficială nu ar fi întârziată în tranzit.
Perrault conocía bien a los perros y podía ver que Buck era algo raro.
Perrault cunoștea bine câinii și își dădea seama că Buck era ceva rar.
"Uno entre diez diez mil", pensó mientras estudiaba la complexión de Buck.
„Unul la zece zece mii", se gândi el, în timp ce studia constituția lui Buck.
Buck vio que el dinero cambiaba de manos, pero no mostró sorpresa.
Buck a văzut banii schimbându-și mâinile, dar nu a arătat nicio surpriză.
Pronto él y Curly, un gentil Terranova, fueron llevados lejos.
Curând, el și Creț, un blând Newfoundland, au fost duși departe.
Siguieron al hombrecito desde el patio del suéter rojo.
L-au urmat pe omulețul din curtea puloverului roșu.
Esa fue la última vez que Buck vio al hombre con el garrote de madera.
Aceea a fost ultima dată când Buck l-a văzut vreodată pe omul cu bâta de lemn.
Desde la cubierta del Narwhal vio cómo Seattle se desvanecía en la distancia.
De pe puntea navei Narwhal, a privit cum Seattle se stingea în depărtare.
También fue la última vez que vio las cálidas tierras del Sur.

A fost, de asemenea, ultima dată când a văzut caldul Southland.
Perrault los llevó bajo cubierta y los dejó con François.
Perrault i-a dus sub punte și i-a lăsat cu François.
François era un gigante de cara negra y manos ásperas y callosas.
François era un uriaș cu fața neagră și mâini aspre și bătătorite.
Era oscuro y moreno, un mestizo francocanadiense.
Era brunet și neînchis la culoare; un metis franco-canadian.
Para Buck, estos hombres eran de un tipo que nunca había visto antes.
Pentru Buck, acești oameni erau de un fel pe care nu-i mai văzuse niciodată.
En los días venideros conocería a muchos hombres así.
Avea să cunoască mulți astfel de bărbați în zilele următoare.
No llegó a encariñarse con ellos, pero llegó a respetarlos.
Nu a ajuns să-i îndrăgească, dar a ajuns să-i respecte.
Eran justos y sabios, y no se dejaban engañar fácilmente por ningún perro.
Erau drepți și înțelepți și nu se lăsau ușor păcăliți de niciun câine.
Juzgaban a los perros con calma y castigaban sólo cuando lo merecían.
Judecau câinii cu calm și îi pedepseau doar atunci când meritau.
En la cubierta inferior del Narwhal, Buck y Curly se encontraron con dos perros.
Pe puntea inferioară a navei Narwhal, Buck și Creț au întâlnit doi câini.
Uno de ellos era un gran perro blanco procedente de la lejana y gélida región de Spitzbergen.
Unul era un câine mare și alb din îndepărtatul și înghețatul Spitzbergen.
Una vez navegó con un ballenero y se unió a un grupo de investigación.

Odată navigase cu un vânător de balene și se alăturase unui grup de studiu.
Era amigable de una manera astuta, deshonesta y tramposa.
Era prietenos într-un mod viclean, necinstit și viclean.
En su primera comida, robó un trozo de carne de la sartén de Buck.
La prima lor masă, a furat o bucată de carne din tigaia lui Buck.
Buck saltó para castigarlo, pero el látigo de François golpeó primero.
Buck a sărit să-l pedepsească, dar biciul lui François a lovit primul.
El ladrón blanco gritó y Buck recuperó el hueso robado.
Hoțul alb a țipat, iar Buck a recuperat osul furat.
Esa imparcialidad impresionó a Buck y François se ganó su respeto.
Această corectitudine l-a impresionat pe Buck, iar François i-a câștigat respectul.
El otro perro no saludó y no quiso recibir saludos a cambio.
Celălalt câine nu l-a salutat și nu a vrut niciun răspuns.
No robaba comida ni olfateaba con interés a los recién llegados.
Nu a furat mâncare și nici nu i-a adulmecat cu interes pe nou-veniți.
Este perro era sombrío y silencioso, melancólico y de movimientos lentos.
Acest câine era posomorât și tăcut, posomorât și se mișca încet.
Le advirtió a Curly que se mantuviera alejada simplemente mirándola fijamente.
El a avertizat-o pe Creț să stea departe, pur și simplu uitându-se urât la ea.
Su mensaje fue claro: déjenme en paz o habrá problemas.
Mesajul lui a fost clar: lăsați-mă în pace sau vor fi probleme.
Se llamaba Dave y apenas se fijaba en su entorno.
Îl chema Dave și abia dacă observa împrejurimile.

Dormía a menudo, comía tranquilamente y bostezaba de vez en cuando.
Dormea des, mânca liniștit și căsca din când în când.

El barco zumbaba constantemente con la hélice golpeando debajo.
Nava zumzăia constant, cu elicea bătând dedesubt.

Los días pasaron con pocos cambios, pero el clima se volvió más frío.
Zilele au trecut fără prea multe schimbări, dar vremea s-a răcit.

Buck podía sentirlo en sus huesos y notó que los demás también lo sentían.
Buck simțea asta în oase și observă că și ceilalți o simțeau.

Entonces, una mañana, la hélice se detuvo y todo quedó en silencio.
Apoi, într-o dimineață, elicea s-a oprit și totul a fost nemișcat.

Una energía recorrió la nave; algo había cambiado.
O energie a străbătut nava; ceva se schimbase.

François bajó, les puso las correas y los trajo arriba.
François a coborât, i-a legat în lesă și i-a adus sus.

Buck salió y encontró el suelo suave, blanco y frío.
Buck a ieșit și a găsit pământul moale, alb și rece.

Saltó hacia atrás alarmado y resopló totalmente confundido.
A sărit înapoi alarmat și a pufnit complet confuz.

Una extraña sustancia blanca caía del cielo gris.
O substanță albă și ciudată cădea din cerul cenușiu.

Se sacudió, pero los copos blancos seguían cayendo sobre él.
S-a scuturat, dar fulgii albi continuau să cadă pe el.

Olió con cuidado la sustancia blanca y lamió algunos trocitos helados.
A adulmecat cu grijă substanța albă și a lins câteva bucățele de gheață.

El polvo ardió como fuego y luego desapareció de su lengua.
Pulberea a ars ca focul, apoi a dispărut direct de pe limba lui.

Buck lo intentó de nuevo, desconcertado por la extraña frialdad que desaparecía.

Buck încercă din nou, nedumerit de ciudata răceală care dispărea.
Los hombres que lo rodeaban se rieron y Buck se sintió avergonzado.
Bărbații din jurul lui au râs, iar Buck s-a simțit jenat.
No sabía por qué, pero le avergonzaba su reacción.
Nu știa de ce, dar îi era rușine de reacția lui.
Fue su primera experiencia con la nieve y le confundió.
Era prima lui experiență cu zăpada și l-a nedumerit.

La ley del garrote y el colmillo
Legea clubului și a colțului

El primer día de Buck en la playa de Dyea se sintió como una terrible pesadilla.
Prima zi a lui Buck pe plaja Dyea a părut un coșmar teribil.
Cada hora traía nuevas sorpresas y cambios inesperados para Buck.
Fiecare oră aducea noi șocuri și schimbări neașteptate pentru Buck.
Lo habían sacado de la civilización y lo habían arrojado a un caos salvaje.
Fusese smuls din civilizație și aruncat într-un haos sălbatic.
Aquella no era una vida soleada y tranquila, llena de aburrimiento y descanso.
Aceasta nu era o viață însorită și leneșă, cu plictiseală și odihnă.
No había paz, ni descanso, ni momento sin peligro.
Nu exista pace, nici odihnă și niciun moment fără pericol.
La confusión lo dominaba todo y el peligro siempre estaba cerca.
Confuzia stăpânea totul, iar pericolul era mereu aproape.
Buck tuvo que mantenerse alerta porque estos hombres y perros eran diferentes.
Buck trebuia să fie alert pentru că acești bărbați și câini erau diferiți.
No eran de pueblos; eran salvajes y sin piedad.
Nu erau din orașe; erau sălbatici și fără milă.
Estos hombres y perros sólo conocían la ley del garrote y el colmillo.
Acești oameni și câini cunoșteau doar legea bâtei și a colțului.
Buck nunca había visto perros pelear como estos salvajes huskies.
Buck nu mai văzuse niciodată câini luptând ca acești husky sălbatici.
Su primera experiencia le enseñó una lección que nunca olvidaría.

Prima sa experiență i-a învățat o lecție pe care n-o va uita niciodată.
Tuvo suerte de que no fuera él, o habría muerto también.
A avut noroc că nu era el, altfel ar fi murit și el.
Curly fue el que sufrió mientras Buck observaba y aprendía.
Creț a fost cel care a suferit în timp ce Buck a privit și a învățat.
Habían acampado cerca de una tienda construida con troncos.
Își făcuseră tabăra lângă o magazie construită din bușteni.
Curly intentó ser amigable con un husky grande, parecido a un lobo.
Creț a încercat să fie prietenos cu un husky mare, care semăna cu un lup.
El husky era más pequeño que Curly, pero parecía salvaje y malvado.
Husky-ul era mai mic decât Creț, dar arăta sălbatic și rău.
Sin previo aviso, saltó y le abrió el rostro.
Fără avertisment, a sărit și i-a tăiat fața.
Sus dientes la atravesaron desde el ojo hasta la mandíbula en un solo movimiento.
Dinții lui i-au tăiat din ochi până la maxilar dintr-o singură mișcare.
Así era como peleaban los lobos: golpeaban rápido y saltaban.
Așa se luptau lupii – loveau repede și săreau departe.
Pero había mucho más que aprender de ese único ataque.
Dar erau mai multe de învățat decât din acel singur atac.
Decenas de huskies entraron corriendo y formaron un círculo silencioso.
Zeci de câini husky s-au năpustit înăuntru și au format un cerc tăcut.
Observaron atentamente y se lamieron los labios con hambre.
Se uitau cu atenție și își linseau buzele de foame.
Buck no entendió su silencio ni sus miradas ansiosas.
Buck nu le înțelegea tăcerea sau ochii nerăbdători.

Curly se apresuró a atacar al husky por segunda vez.
Creț s-a grăbit să atace husky-ul a doua oară.
Él usó su pecho para derribarla con un movimiento fuerte.
Și-a folosit pieptul ca să o doboare cu o mișcare puternică.
Ella cayó de lado y no pudo levantarse más.
A căzut pe o parte și nu s-a mai putut ridica.
Eso era lo que los demás habían estado esperando todo el tiempo.
Asta așteptaseră ceilalți de la bun început.
Los perros esquimales saltaron sobre ella, aullando y gruñendo frenéticamente.
Câinii husky au sărit pe ea, scheunând și mârâind frenetic.
Ella gritó cuando la enterraron bajo una pila de perros.
A țipat în timp ce au îngropat-o sub o grămadă de câini.
El ataque fue tan rápido que Buck se quedó paralizado por la sorpresa.
Atacul a fost atât de rapid încât Buck a încremenit pe loc de șoc.
Vio a Spitz sacar la lengua de una manera que parecía una risa.
L-a văzut pe Spitz scoțând limba într-un fel care părea a fi un râs.
François cogió un hacha y corrió directamente hacia el grupo de perros.
François a apucat un topor și a alergat direct în grupul de câini.
Otros tres hombres usaron palos para ayudar a ahuyentar a los perros esquimales.
Alți trei bărbați au folosit bâte pentru a-i ajuta să-i îndepărteze pe husky.
En sólo dos minutos, la pelea terminó y los perros desaparecieron.
În doar două minute, lupta s-a terminat și câinii au dispărut.
Curly yacía muerta en la nieve roja y pisoteada, con su cuerpo destrozado.
Creț zăcea moartă în zăpada roșie, călcată în picioare, cu trupul sfâșiat.

Un hombre de piel oscura estaba de pie sobre ella, maldiciendo la brutal escena.
Un bărbat cu pielea închisă la culoare stătea deasupra ei, blestemând scena brutală.
El recuerdo permaneció con Buck y atormentó sus sueños por la noche.
Amintirea a rămas cu Buck și i-a bântuit visele noaptea.
Así era aquí: sin justicia, sin segundas oportunidades.
Așa stăteau lucrurile aici; fără dreptate, fără a doua șansă.
Una vez que un perro caía, los demás lo mataban sin piedad.
Odată ce un câine cădea, ceilalți îl ucideau fără milă.
Buck decidió entonces que nunca se permitiría caer.
Buck a decis atunci că nu își va permite niciodată să cadă.
Spitz volvió a sacar la lengua y se rió de la sangre.
Spitz și-a scos din nou limba și a râs de sânge.
Desde ese momento, Buck odió a Spitz con todo su corazón.
Din acel moment, Buck l-a urăsc pe Spitz din toată inima.

Antes de que Buck pudiera recuperarse de la muerte de Curly, sucedió algo nuevo.
Înainte ca Buck să-și poată reveni după moartea lui Creț, s-a întâmplat ceva nou.
François se acercó y ató algo alrededor del cuerpo de Buck.
François a venit și i-a legat ceva în jurul corpului lui Buck.
Era un arnés como los que usaban los caballos en el rancho.
Era un ham ca cele folosite la cai la fermă.
Así como Buck había visto trabajar a los caballos, ahora él también estaba obligado a trabajar.
Așa cum Buck văzuse caii la muncă, acum era și el obligat să muncească.
Tuvo que arrastrar a François en un trineo hasta el bosque cercano.
A trebuit să-l tragă pe François pe o sanie în pădurea din apropiere.
Después tuvo que arrastrar una carga de leña pesada.
Apoi a trebuit să tragă înapoi o încărcătură grea de lemne de foc.

Buck era orgulloso, por eso le dolía que lo trataran como a un animal de trabajo.
Buck era mândru, așa că îl durea să fie tratat ca un animal de muncă.
Pero él era sabio y no intentó luchar contra la nueva situación.
Dar a fost înțelept și nu a încercat să lupte împotriva noii situații.
Aceptó su nueva vida y dio lo mejor de sí en cada tarea.
Și-a acceptat noua viață și a dat tot ce a avut mai bun în fiecare sarcină.
Todo en la obra le resultaba extraño y desconocido.
Totul legat de muncă îi era ciudat și nefamiliar.
Francisco era estricto y exigía obediencia sin demora.
François era strict și cerea ascultare fără întârziere.
Su látigo garantizaba que cada orden fuera seguida al instante.
Biciul său se asigura că fiecare comandă era executată imediat.
Dave era el que conducía el trineo, el perro que estaba más cerca de él, detrás de Buck.
Dave era trăgătorul, câinele cel mai apropiat de sanie, în spatele lui Buck.
Dave mordió a Buck en las patas traseras si cometía un error.
Dave îl mușca pe Buck de picioarele din spate dacă făcea o greșeală.
Spitz era el perro líder, hábil y experimentado en su función.
Spitz era câinele principal, priceput și experimentat în rol.
Spitz no pudo alcanzar a Buck fácilmente, pero aún así lo corrigió.
Spitz nu a putut ajunge ușor la Buck, dar tot l-a corectat.
Gruñó con dureza o tiró del trineo de maneras que le enseñaron a Buck.
Mârâia aspru sau trăgea de sanie în moduri care îl învățau pe Buck.
Con este entrenamiento, Buck aprendió más rápido de lo que cualquiera de ellos esperaba.

Sub acest antrenament, Buck a învățat mai repede decât se așteptau oricare dintre ei.
Trabajó duro y aprendió tanto de François como de los otros perros.
A muncit din greu și a învățat atât de la François, cât și de la ceilalți câini.
Cuando regresaron, Buck ya conocía los comandos clave.
Până s-au întors, Buck știa deja comenzile taste.
Aprendió a detenerse al oír la palabra "ho" gracias a François.
A învățat să se oprească la auzul lui „ho" de la François.
Aprendió cuando tenía que tirar del trineo y correr.
A învățat când trebuia să tragă de sanie și să alerge.
Aprendió a girar abiertamente en las curvas del camino sin problemas.
A învățat să vireze larg la curbe pe potecă fără probleme.
También aprendió a evitar a Dave cuando el trineo descendía rápidamente.
De asemenea, a învățat să-l evite pe Dave când sania cobora repede panta.
"Son perros muy buenos", le dijo orgulloso François a Perrault.
„Sunt câini foarte buni", i-a spus François cu mândrie lui Perrault.
"Ese Buck tira como un demonio. Le enseño rapidísimo".
„Buck ăla se dă în vânt după el – îl învăț eu repede."

Más tarde ese día, Perrault regresó con dos perros husky más.
Mai târziu în acea zi, Perrault s-a întors cu încă doi câini husky.
Se llamaban Billee y Joe y eran hermanos.
Numele lor erau Billee și Joe și erau frați.
Venían de la misma madre, pero no se parecían en nada.
Proveneau din aceeași mamă, dar nu erau deloc la fel.
Billee era de carácter dulce y muy amigable con todos.
Billee era blând și prea prietenos cu toată lumea.

Joe era todo lo contrario: tranquilo, enojado y siempre gruñendo.
Joe era opusul - tăcut, furios și mereu mârâind.
Buck los saludó de manera amigable y se mostró tranquilo con ambos.
Buck i-a salutat prietenos și a fost calm cu amândoi.
Dave no les prestó atención y permaneció en silencio como siempre.
Dave nu le-a acordat nicio atenție și a rămas tăcut ca de obicei.
Spitz atacó primero a Billee, luego a Joe, para demostrar su dominio.
Spitz l-a atacat mai întâi pe Billee, apoi pe Joe, pentru a-și demonstra dominația.
Billee movió la cola y trató de ser amigable con Spitz.
Billee a dat din coadă și a încercat să fie prietenos cu Spitz.
Cuando eso no funcionó, intentó huir.
Când asta nu a funcționat, a încercat în schimb să fugă.
Lloró tristemente cuando Spitz lo mordió fuerte en el costado.
A plâns trist când Spitz l-a mușcat puternic de lateral.
Pero Joe era muy diferente y se negaba a dejarse intimidar.
Dar Joe era foarte diferit și refuza să fie hărțuit.
Cada vez que Spitz se acercaba, Joe giraba rápidamente para enfrentarlo.
De fiecare dată când Spitz se apropia, Joe se întorcea repede să-l înfrunte.
Su pelaje se erizó, sus labios se curvaron y sus dientes chasquearon salvajemente.
Blana i s-a zbârlit, buzele i s-au arcuit, iar dinții i-au trosnit sălbatic.
Los ojos de Joe brillaron de miedo y rabia, desafiando a Spitz a atacar.
Ochii lui Joe străluceau de frică și furie, provocându-l pe Spitz să lovească.
Spitz abandonó la lucha y se alejó, humillado y enojado.
Spitz a renunțat la luptă și s-a întors, umilit și furios.
Descargó su frustración en el pobre Billee y lo ahuyentó.

Și-a vărsat frustrarea asupra bietului Billee și l-a alungat.
Esa noche, Perrault añadió un perro más al equipo.
În seara aceea, Perrault a adăugat încă un câine în echipă.
Este perro era viejo, delgado y cubierto de cicatrices de batalla.
Acest câine era bătrân, slab și plin de cicatrici de luptă.
Le faltaba un ojo, pero el otro brillaba con poder.
Îi lipsea un ochi, dar celălalt sclipea puternic.
El nombre del nuevo perro era Solleks, que significaba "el enojado".
Numele noului câine era Solleks, ceea ce însemna Cel Furios.
Al igual que Dave, Solleks no pidió nada a los demás y no dio nada a cambio.
La fel ca Dave, Solleks nu le-a cerut nimic altora și nu a dat nimic înapoi.
Cuando Solleks entró lentamente al campamento, incluso Spitz se mantuvo alejado.
Când Solleks a intrat încet în tabără, chiar și Spitz a stat departe.
Tenía un hábito extraño que Buck tuvo la mala suerte de descubrir.
Avea un obicei ciudat pe care Buck a avut ghinionul să-l descopere.
A Solleks le disgustaba que se acercaran a él por el lado donde estaba ciego.
Solleks ura să fie abordat din partea de unde era orb.
Buck no sabía esto y cometió ese error por accidente.
Buck nu știa asta și a făcut greșeala din greșeală.
Solleks se dio la vuelta y cortó el hombro de Buck profunda y rápidamente.
Solleks se întoarse și îl lovi adânc și rapid pe Buck în umăr.
A partir de ese momento, Buck nunca se acercó al lado ciego de Solleks.
Din acel moment, Buck nu s-a mai apropiat de punctul mort al lui Solleks.
Nunca volvieron a tener problemas durante el resto del tiempo que estuvieron juntos.

Nu au mai avut niciodată probleme în restul timpului petrecut împreună.
Solleks sólo quería que lo dejaran solo, como el tranquilo Dave.
Solleks nu voia decât să fie lăsat în pace, la fel ca tăcutul Dave.
Pero Buck se enteraría más tarde de que cada uno tenía otro objetivo secreto.
Dar Buck avea să afle mai târziu că fiecare avea un alt obiectiv secret.
Esa noche, Buck se enfrentó a un nuevo y preocupante desafío: cómo dormir.
În noaptea aceea, Buck s-a confruntat cu o provocare nouă și tulburătoare - cum să doarmă.
La tienda brillaba cálidamente con la luz de las velas en el campo nevado.
Cortul strălucea cald la lumina lumânărilor în câmpul înzăpezit.
Buck entró, pensando que podría descansar allí como antes.
Buck a intrat, gândindu-se că se poate odihni acolo ca înainte.
Pero Perrault y François le gritaron y le lanzaron sartenes.
Dar Perrault și François au țipat la el și au aruncat cu tigăi.
Sorprendido y confundido, Buck corrió hacia el frío helado.
Șocat și confuz, Buck a fugit afară în frigul înghețat.
Un viento amargo le azotó el hombro herido y le congeló las patas.
Un vânt puternic i-a înțepat umărul rănit și i-a înghețat labele.
Se tumbó en la nieve y trató de dormir al aire libre.
S-a întins în zăpadă și a încercat să doarmă afară, la vedere.
Pero el frío pronto le obligó a levantarse de nuevo, temblando mucho.
Dar frigul l-a obligat curând să se ridice din nou, tremurând rău.
Deambuló por el campamento intentando encontrar un lugar más cálido.
A rătăcit prin tabără, încercând să găsească un loc mai cald.
Pero cada rincón estaba tan frío como el anterior.
Dar fiecare colț era la fel de rece ca cel de dinainte.

A veces, perros salvajes saltaban sobre él desde la oscuridad.
Uneori, câini sălbatici săreau la el din întuneric.
Buck erizó su pelaje, mostró los dientes y gruñó en señal de advertencia.
Buck și-a zbârlit blana, și-a arătat dinții și a mârâit în semn de avertisment.
Estaba aprendiendo rápido y los otros perros se alejaban rápidamente.
Învăța repede, iar ceilalți câini s-au retras repede.
Aún así, no tenía dónde dormir ni idea de qué hacer.
Totuși, nu avea unde să doarmă și habar n-avea ce să facă.
Por fin se le ocurrió una idea: ver cómo estaban sus compañeros de equipo.
În cele din urmă, i-a venit o idee - să-și vadă coechipierii.
Regresó a su zona y se sorprendió al descubrir que habían desaparecido.
S-a întors în zona lor și a fost surprins să-i vadă dispăruți.
Nuevamente buscó por todo el campamento, pero todavía no pudo encontrarlos.
A căutat din nou prin tabără, dar tot nu i-a găsit.
Sabía que ellos no podían estar en la tienda, o él también lo estaría.
Știa că nu puteau fi în cort, altfel ar fi fost și el.
Entonces ¿a dónde se habían ido todos los perros en este campamento helado?
Deci, unde dispăruseră toți câinii în această tabără înghețată?
Buck, frío y miserable, caminó lentamente alrededor de la tienda.
Buck, înfrigurat și nefericit, se învârtea încet în jurul cortului.
De repente, sus patas delanteras se hundieron en la nieve blanda y lo sobresaltó.
Deodată, picioarele din față i se afundară în zăpada moale și îl tresăriră.
Algo se movió bajo sus pies y saltó hacia atrás asustado.
Ceva s-a zvârcolit sub picioarele lui, iar el a sărit înapoi de frică.
Gruñó y rugió sin saber qué había debajo de la nieve.

A mârâit și a mârâit, neștiind ce se ascundea sub zăpadă.
Entonces oyó un ladrido amistoso que alivió su miedo.
Apoi a auzit un lătrat ușor și prietenos care i-a potolit teama.
Olfateó el aire y se acercó para ver qué estaba oculto.
A adulmecat aerul și s-a apropiat să vadă ce era ascuns.
Bajo la nieve, acurrucada en una bola cálida, estaba la pequeña Billee.
Sub zăpadă, ghemuit într-o minge caldă, se afla micuțul Billee.
Billee movió la cola y lamió la cara de Buck para saludarlo.
Billee a dat din coadă și l-a lins pe Buck pe față ca să-l salute.
Buck vio cómo Billee había hecho un lugar para dormir en la nieve.
Buck a văzut cum Billee își făcuse un loc de dormit în zăpadă.
Había cavado y usado su propio calor para mantenerse caliente.
Săpase în adâncul pământului și își folosise propria căldură ca să se încălzească.
Buck había aprendido otra lección: así era como dormían los perros.
Buck învățase o altă lecție – așa dormeau câinii.
Eligió un lugar y comenzó a cavar su propio hoyo en la nieve.
Și-a ales un loc și a început să-și sape propria groapă în zăpadă.
Al principio, se movía demasiado y desperdiciaba energía.
La început, se mișca prea mult și își irosea energia.
Pero pronto su cuerpo calentó el espacio y se sintió seguro.
Dar curând corpul său a încălzit spațiul, iar el s-a simțit în siguranță.
Se acurrucó fuertemente y al poco tiempo estaba profundamente dormido.
S-a ghemuit strâns și, în scurt timp, a adormit dus.
El día había sido largo y duro, y Buck estaba exhausto.
Ziua fusese lungă și grea, iar Buck era epuizat.
Durmió profundamente y cómodamente, aunque sus sueños fueron salvajes.
A dormit adânc și confortabil, deși visele sale erau nebunești.

Gruñó y ladró mientras dormía, retorciéndose mientras soñaba.
A mârâit și a lătrat în somn, răsucindu-se în timp ce visa.

Buck no se despertó hasta que el campamento ya estaba cobrando vida.
Buck nu s-a trezit până când tabăra nu a început deja să prindă viață.

Al principio, no sabía dónde estaba ni qué había sucedido.
La început, nu știa unde se afla sau ce se întâmplase.

Había nevado durante la noche y había enterrado completamente su cuerpo.
Ninsoarea căzuse peste noapte și i-a îngropat complet trupul.

La nieve lo apretaba por todos lados.
Zăpada se strângea în jurul lui, strânsă din toate părțile.

De repente, una ola de miedo recorrió todo el cuerpo de Buck.
Deodată, un val de frică l-a străbătut pe Buck.

Era el miedo a quedar atrapado, un miedo que provenía de instintos profundos.
Era frica de a fi prins în capcană, o frică provenită din instincte profunde.

Aunque nunca había visto una trampa, el miedo vivía dentro de él.
Deși nu văzuse niciodată o capcană, frica trăia în el.

Era un perro domesticado, pero ahora sus viejos instintos salvajes estaban despertando.
Era un câine îmblânzit, dar acum vechile sale instincte sălbatice se trezeau.

Los músculos de Buck se tensaron y se le erizó el pelaje por toda la espalda.
Mușchii lui Buck s-au încordat, iar blana i s-a zbârlit pe toată spatele.

Gruñó ferozmente y saltó hacia arriba a través de la nieve.
A mârâit furios și a sărit drept în sus prin zăpadă.

La nieve voló en todas direcciones cuando estalló la luz del día.

Zăpada zbura în toate direcțiile în timp ce el țâșnea la lumina zilei.
Incluso antes de aterrizar, Buck vio el campamento extendido ante él.
Chiar înainte de a ateriza, Buck văzu tabăra întinsă în fața lui.
Recordó todo del día anterior, de repente.
Și-a amintit totul de ziua precedentă, dintr-o dată.
Recordó pasear con Manuel y terminar en ese lugar.
Își amintea cum se plimbase cu Manuel și cum ajunsese în locul acesta.
Recordó haber cavado el hoyo y haberse quedado dormido en el frío.
Își amintea cum săpase groapa și adormise în frig.
Ahora estaba despierto y el mundo salvaje que lo rodeaba estaba claro.
Acum era treaz, iar lumea sălbatică din jurul lui era limpede.
Un grito de François saludó la repentina aparición de Buck.
Un strigăt din partea lui François a anunțat apariția neașteptată a lui Buck.
—¿Qué te dije? —gritó en voz alta el conductor del perro a Perrault.
„Ce-am spus?", i-a strigat tare vizitiul câinelui lui Perrault.
"Ese Buck sin duda aprende muy rápido", añadió François.
„Buck ăla învață cu siguranță repede", a adăugat François.
Perrault asintió gravemente, claramente satisfecho con el resultado.
Perrault dădu grav din cap, evident mulțumit de rezultat.
Como mensajero del gobierno canadiense, transportaba despachos.
Ca curier pentru guvernul canadian, a transportat corespondențe.
Estaba ansioso por encontrar los mejores perros para su importante misión.
Era nerăbdător să găsească cei mai potriviți câini pentru importanta sa misiune.
Se sintió especialmente complacido ahora que Buck era parte del equipo.

Se simțea deosebit de încântat acum că Buck făcea parte din echipă.

Se agregaron tres huskies más al equipo en una hora.
Încă trei câini husky au fost adăugați echipei în decurs de o oră.

Eso elevó el número total de perros en el equipo a nueve.
Asta a adus numărul total de câini din echipă la nouă.

En quince minutos todos los perros estaban en sus arneses.
În cincisprezece minute, toți câinii erau în hamuri.

El equipo de trineos avanzaba por el sendero hacia Dyea Cañón.
Echipa de sanie înainta pe potecă spre Dyea Cañon.

Buck se sintió contento de partir, incluso si el trabajo que tenía por delante era duro.
Buck se simțea bucuros că pleca, chiar dacă munca care îl aștepta era grea.

Descubrió que no despreciaba especialmente el trabajo ni el frío.
A descoperit că nu disprețuia în mod deosebit munca sau frigul.

Le sorprendió el entusiasmo que llenaba a todo el equipo.
A fost surprins de nerăbdarea care a cuprins întreaga echipă.

Aún más sorprendente fue el cambio que se produjo en Dave y Solleks.
Și mai surprinzătoare a fost schimbarea care se produsese la Dave și Solleks.

Estos dos perros eran completamente diferentes cuando estaban enjaezados.
Acești doi câini erau complet diferiți când erau înhamați.

Su pasividad y falta de preocupación habían desaparecido por completo.
Pasivitatea și lipsa lor de grijă dispăruseră complet.

Estaban alertas y activos, y ansiosos por hacer bien su trabajo.
Erau alerți și activi și dornici să-și facă bine treaba.

Se irritaban ferozmente ante cualquier cosa que causara retraso o confusión.

Deveneau extrem de iritați de orice cauza întârzieri sau confuzie.
El duro trabajo en las riendas era el centro de todo su ser.
Munca asiduă la frâie era centrul întregii lor ființe.
Tirar del trineo parecía ser lo único que realmente disfrutaban.
Trasul de sanie părea a fi singurul lucru de care le plăcea cu adevărat.
Dave estaba en la parte de atrás del grupo, más cerca del trineo.
Dave era în spatele grupului, cel mai aproape de sanie.
Buck fue colocado delante de Dave, y Solleks se adelantó a Buck.
Buck a fost plasat în fața lui Dave, iar Solleks a luat-o înaintea lui Buck.
El resto de los perros estaban dispersos adelante, en una sola fila.
Restul câinilor erau înșirați în față, într-un șir indian.
La posición de cabeza en la parte delantera quedó ocupada por Spitz.
Poziția de lider în față a fost ocupată de Spitz.
Buck había sido colocado entre Dave y Solleks para recibir instrucción.
Buck fusese plasat între Dave și Solleks pentru instruire.
Él aprendía rápido y sus profesores eran firmes y capaces.
El învăța repede, iar ei erau profesori fermi și capabili.
Nunca permitieron que Buck permaneciera en el error por mucho tiempo.
Nu i-au permis niciodată lui Buck să rămână în greșeală mult timp.
Enseñaron sus lecciones con dientes afilados cuando era necesario.
Își predau lecțiile cu dinți ascuțiți atunci când era nevoie.
Dave era justo y mostraba un tipo de sabiduría tranquila y seria.
Dave a fost corect și a dat dovadă de un fel de înțelepciune discretă și serioasă.

Él nunca mordió a Buck sin una buena razón para hacerlo.
Nu l-a mușcat niciodată pe Buck fără un motiv întemeiat să o facă.
Pero nunca dejó de morder cuando Buck necesitaba corrección.
Dar nu ezita niciodată să muște când Buck avea nevoie de corecție.
El látigo de Francisco estaba siempre listo y respaldaba su autoridad.
Biciul lui François era mereu gata de atac și le susținea autoritatea.
Buck pronto descubrió que era mejor obedecer que defenderse.
Buck și-a dat seama curând că era mai bine să asculte decât să riposteze.
Una vez, durante un breve descanso, Buck se enredó en las riendas.
Odată, în timpul unei scurte pauze, Buck s-a încurcat în hățuri.
Retrasó el inicio y confundió los movimientos del equipo.
A întârziat începutul și a încurcat mișcarea echipei.
Dave y Solleks se abalanzaron sobre él y le dieron una paliza brutal.
Dave și Solleks au zburat spre el și l-au bătut zdravăn.
El enredo sólo empeoró, pero Buck aprendió bien la lección.
Încurcătura s-a înrăutățit, dar Buck și-a învățat bine lecția.
A partir de entonces, mantuvo las riendas tensas y trabajó con cuidado.
De atunci încolo, a ținut hățurile întinse și a lucrat cu grijă.
Antes de que terminara el día, Buck había dominado gran parte de su tarea.
Înainte de sfârșitul zilei, Buck își stăpânise deja o mare parte din sarcină.
Sus compañeros casi dejaron de corregirlo y morderlo.
Coechipierii lui aproape că au încetat să-l mai corecteze sau să-l muște.
El látigo de François resonaba cada vez con menos frecuencia en el aire.

Biciul lui François trosnea prin aer din ce în ce mai rar.
Perrault incluso levantó los pies de Buck y examinó cuidadosamente cada pata.
Perrault a ridicat chiar și picioarele lui Buck și a examinat cu atenție fiecare labă.
Había sido un día de carrera duro, largo y agotador para todos ellos.
Fusese o zi grea de alergare, lungă și epuizantă pentru toți.
Viajaron por el Cañón, atravesando Sheep Camp y pasando por Scales.
Au călătorit în sus pe Canion, prin Tabăra Oilor și pe lângă Cântar.
Cruzaron la línea de árboles, luego glaciares y bancos de nieve de muchos metros de profundidad.
Au traversat limita pădurii, apoi ghețari și troiene de zăpadă adânci de mulți metri.
Escalaron la gran, fría y prohibitiva divisoria de Chilkoot.
Au escaladat marele și neprimitorul deal Chilkoot Divide.
Esa alta cresta se encontraba entre el agua salada y el interior helado.
Acea creastă înaltă se afla între apa sărată și interiorul înghețat.
Las montañas custodiaban con hielo y empinadas subidas el triste y solitario Norte.
Munții păzeau Nordul trist și singuratic cu gheață și urcușuri abrupte.
Avanzaron a buen ritmo por una larga cadena de lagos debajo de la divisoria.
Au coborât repede un lanț lung de lacuri, sub despărțitor.
Esos lagos llenaban los antiguos cráteres de volcanes extintos.
Acele lacuri au umplut craterele antice ale vulcanilor stinși.
Tarde esa noche, llegaron a un gran campamento en el lago Bennett.
Târziu în acea noapte, au ajuns la o tabără mare la Lacul Bennett.

Miles de buscadores de oro estaban allí, construyendo barcos para la primavera.
Mii de căutători de aur erau acolo, construind bărci pentru primăvară.
El hielo se rompería pronto y tenían que estar preparados.
Gheața urma să se spargă în curând și trebuiau să fie pregătiți.
Buck cavó su hoyo en la nieve y cayó en un sueño profundo.
Buck și-a săpat groapa în zăpadă și a căzut într-un somn adânc.
Durmió como un trabajador, exhausto por la dura jornada de trabajo.
A dormit ca un om care muncește, epuizat de ziua grea de trudă.
Pero demasiado pronto, en la oscuridad, fue sacado del sueño.
Dar prea devreme, în întuneric, a fost smuls din somn.
Fue enganchado nuevamente con sus compañeros y sujeto al trineo.
A fost din nou înhamat împreună cu tovarășii săi și atașat de sanie.
Aquel día hicieron cuarenta millas, porque la nieve estaba muy pisoteada.
În ziua aceea au făcut patruzeci de mile, pentru că zăpada era bine bătătorită.
Al día siguiente, y durante muchos días más, la nieve estaba blanda.
A doua zi și multe zile după aceea, zăpada era moale.
Tuvieron que hacer el camino ellos mismos, trabajando más duro y moviéndose más lento.
A trebuit să-și croiască singuri drumul, muncind mai mult și mișcându-se mai încet.
Por lo general, Perrault caminaba delante del equipo con raquetas de nieve palmeadas.
De obicei, Perrault mergea înaintea echipei cu rachete de zăpadă cu pânze.
Sus pasos compactaron la nieve, facilitando el movimiento del trineo.

Pașii lui au împachetat zăpada, ușurând mișcarea saniei.
François, que dirigía el barco desde la dirección, a veces tomaba el relevo.
François, care conducea de la bara de direcție, prelua uneori controlul.
Pero era raro que François tomara la iniciativa.
Dar era rar ca François să preia conducerea
porque Perrault tenía prisa por entregar las cartas y los paquetes.
pentru că Perrault se grăbea să livreze scrisorile și coletele.
Perrault estaba orgulloso de su conocimiento de la nieve, y especialmente del hielo.
Perrault era mândru de cunoștințele sale despre zăpadă și în special despre gheață.
Ese conocimiento era esencial porque el hielo en otoño era peligrosamente delgado.
Această cunoaștere era esențială, deoarece gheața de toamnă era periculos de subțire.
Allí donde el agua fluía rápidamente bajo la superficie, no había hielo en absoluto.
Acolo unde apa curgea repede sub suprafață, nu exista deloc gheață.

Día tras día, la misma rutina se repetía sin fin.
Zi de zi, aceeași rutină se repeta fără sfârșit.
Buck trabajó incansablemente en las riendas desde el amanecer hasta la noche.
Buck a trudit nesfârșit în hățuri din zori până în noapte.
Abandonaron el campamento en la oscuridad, mucho antes de que saliera el sol.
Au părăsit tabăra pe întuneric, cu mult înainte de răsăritul soarelui.
Cuando amaneció, ya habían recorrido muchos kilómetros.
Până se lumina de ziuă, erau deja mulți kilometri în urma lor.
Acamparon después del anochecer, comieron pescado y excavaron en la nieve.

Și-au ridicat tabăra după lăsarea întunericului, mâncând pește și săpând în zăpadă.
Buck siempre tenía hambre y nunca estaba realmente satisfecho con su ración.
Buck era mereu flămând și niciodată cu adevărat mulțumit de rația sa.
Recibía una libra y media de salmón seco cada día.
El primea o jumătate de kilogram de somon uscat în fiecare zi.
Pero la comida parecía desaparecer dentro de él, dejando atrás el hambre.
Dar mâncarea părea să dispară în el, lăsând în urmă foamea.
Sufría constantes dolores de hambre y soñaba con más comida.
Suferea de foame constantă și visa la mai multă mâncare.
Los otros perros sólo ganaron una libra, pero se mantuvieron fuertes.
Ceilalți câini au primit doar o jumătate de kilogram de mâncare, dar au rămas puternici.
Eran más pequeños y habían nacido en la vida del norte.
Erau mai mici și se născuseră în viața nordică.
Perdió rápidamente la meticulosidad que había caracterizado su antigua vida.
A pierdut repede meticulozitatea care îi marcase vechea viață.
Había sido un comensal delicado, pero ahora eso ya no era posible.
Fusese un mâncător delicat, dar acum asta nu mai era posibil.
Sus compañeros terminaron primero y le robaron su ración sobrante.
Prietenii lui au terminat primii și l-au jefuit de rația neterminată.
Una vez que empezaron, no había forma de defender su comida de ellos.
Odată ce au început, nu a mai existat nicio modalitate de a-i apăra mâncarea de ei.
Mientras él luchaba contra dos o tres perros, los otros le robaron el resto.

În timp ce el alunga doi sau trei câini, ceilalți i-au furat pe restul.

Para solucionar esto, comenzó a comer tan rápido como los demás.

Ca să rezolve asta, a început să mănânce la fel de repede cum mâncau ceilalți.

El hambre lo empujó tan fuerte que incluso tomó comida que no era suya.

Foamea l-a împins atât de tare încât a luat chiar și mâncare care nu era a lui.

Observó a los demás y aprendió rápidamente de sus acciones.

I-a observat pe ceilalți și a învățat repede din faptele lor.

Vio a Pike, un perro nuevo, robarle una rebanada de tocino a Perrault.

L-a văzut pe Pike, un câine nou-nouț, furând o felie de slănină de la Perrault.

Pike había esperado hasta que Perrault se dio la espalda para robarle el tocino.

Pike așteptase până când Perrault se întorsese cu spatele ca să fure slănina.

Al día siguiente, Buck copió a Pike y robó todo el trozo.

A doua zi, Buck l-a copiat pe Pike și a furat toată bucata.

Se produjo un gran alboroto, pero no se sospechó de Buck.

A urmat o mare gălăgie, dar Buck nu a fost bănuit.

Dub, un perro torpe que siempre era atrapado, fue castigado.

Dub, un câine neîndemânatic care era mereu prins, a fost pedepsit în schimb.

Ese primer robo marcó a Buck como un perro apto para sobrevivir en el Norte.

Primul furt l-a marcat pe Buck ca un câine apt să supraviețuiască în Nord.

Demostró que podía adaptarse a nuevas condiciones y aprender rápidamente.

A demonstrat că se poate adapta la condiții noi și că poate învăța repede.

Sin esa adaptabilidad, habría muerto rápida y gravemente.

Fără o astfel de adaptabilitate, ar fi murit repede și rău.
También marcó el colapso de su naturaleza moral y de sus valores pasados.
De asemenea, a marcat prăbușirea naturii sale morale și a valorilor din trecut.
En el Sur, había vivido bajo la ley del amor y la bondad.
În Southland, trăise sub legea iubirii și a bunătății.
Allí tenía sentido respetar la propiedad y los sentimientos de los otros perros.
Acolo avea sens să respecți proprietatea și sentimentele altor câini.
Pero en el Norte se aplicaba la ley del garrote y la ley del colmillo.
Dar Northland-ul a urmat legea măciucii și legea colțului.
Quienquiera que respetara los viejos valores aquí sería un tonto y fracasaría.
Oricine a respectat vechile valori aici a fost nechibzuit și ar eșua.
Buck no razonó todo esto en su mente.
Buck nu și-a dat seama de toate acestea.
Estaba en forma y se adaptó sin necesidad de pensar.
Era în formă, așa că s-a adaptat fără a fi nevoie să se gândească.
Durante toda su vida, nunca había huido de una pelea.
Toată viața lui, nu fugise niciodată de o luptă.
Pero el garrote de madera del hombre del suéter rojo cambió esa regla.
Dar bâta de lemn a bărbatului în pulover roșu a schimbat regula.
Ahora seguía un código más profundo y antiguo escrito en su ser.
Acum urma un cod mai profund, mai vechi, înscris în ființa sa.
No robó por placer sino por el dolor del hambre.
Nu a furat din plăcere, ci din durerea foamei.
Él nunca robaba abiertamente, sino que hurtaba con astucia y cuidado.
Nu a jefuit niciodată pe față, ci a furat cu viclenie și grijă.

Actuó por respeto al garrote de madera y por miedo al colmillo.
A acționat din respect pentru bâta de lemn și din teama de colț.
En resumen, hizo lo que era más fácil y seguro que no hacerlo.
Pe scurt, a făcut ceea ce era mai ușor și mai sigur decât să nu o facă.
Su desarrollo —o quizás su regreso a los viejos instintos— fue rápido.
Dezvoltarea sa – sau poate revenirea la vechile instincte – a fost rapidă.
Sus músculos se endurecieron hasta sentirse tan fuertes como el hierro.
Mușchii i s-au întărit până când au părut la fel de puternici ca fierul.
Ya no le importaba el dolor, a menos que fuera grave.
Nu-i mai păsa de durere, decât dacă era serioasă.
Se volvió eficiente por dentro y por fuera, sin desperdiciar nada.
A devenit eficient pe dinăuntru și pe dinafară, fără a irosi absolut nimic.
Podía comer cosas viles, podridas o difíciles de digerir.
Putea mânca lucruri oribile, putrede sau greu de digerat.
Todo lo que comía, su estómago aprovechaba hasta el último vestigio de valor.
Orice ar fi mâncat, stomacul său folosea până la ultima fărâmă de valoare.
Su sangre transportaba los nutrientes a través de su poderoso cuerpo.
Sângele său transporta nutrienții departe prin corpul său puternic.
Esto creó tejidos fuertes que le dieron una resistencia increíble.
Acest lucru i-a construit țesuturi puternice care i-au oferit o rezistență incredibilă.

Su vista y su olfato se volvieron mucho más sensibles que antes.
Văzul și mirosul lui au devenit mult mai sensibile decât înainte.
Su audición se agudizó tanto que podía detectar sonidos débiles durante el sueño.
Auzul i-a devenit atât de ascuțit încât putea detecta sunete slabe în somn.
Sabía en sueños si los sonidos significaban seguridad o peligro.
Știa în visele sale dacă sunetele însemnau siguranță sau pericol.
Aprendió a morder el hielo entre los dedos de los pies con los dientes.
A învățat să muște gheața dintre degetele de la picioare cu dinții.
Si un charco de agua se congelaba, rompía el hielo con las piernas.
Dacă o groapă de apă îngheța, el spargea gheața cu picioarele.
Se encabritó y golpeó con fuerza el hielo con sus rígidas patas delanteras.
S-a ridicat cabrat și a lovit puternic gheața cu membrele din față înțepenite.
Su habilidad más sorprendente era predecir los cambios del viento durante la noche.
Cea mai izbitoare abilitate a sa era prezicerea schimbărilor de vânt peste noapte.
Incluso cuando el aire estaba quieto, elegía lugares protegidos del viento.
Chiar și atunci când aerul era nemișcat, el alegea locuri adăpostite de vânt.
Dondequiera que cavaba su nido, el viento del día siguiente lo pasaba de largo.
Oriunde și-a săpat cuibul, vântul de a doua zi a trecut pe lângă el.
Siempre acababa abrigado y protegido, a sotavento de la brisa.

Întotdeauna sfârșea confortabil și protejat, sub vânt.
Buck no sólo aprendió con la experiencia: sus instintos también regresaron.
Buck nu numai că a învățat din experiență – și instinctele i-au revenit.
Los hábitos de las generaciones domesticadas comenzaron a desaparecer.
Obiceiurile generațiilor domesticite au început să dispară.
De manera vaga, recordaba los tiempos antiguos de su raza.
În moduri vagi, își amintea de vremurile străvechi ale rasei sale.
Recordó cuando los perros salvajes corrían en manadas por los bosques.
S-a gândit la vremea când câinii sălbatici alergau în haite prin păduri.
Habían perseguido y matado a su presa mientras la perseguían.
Și-au urmărit și ucis prada în timp ce o goneau.
Para Buck fue fácil aprender a pelear con dientes y velocidad.
Lui Buck i-a fost ușor să învețe să lupte cu dinți și viteză.
Utilizaba cortes, tajos y chasquidos rápidos igual que sus antepasados.
Folosea tăieturi, lovituri și pocnete rapide exact ca strămoșii săi.
Aquellos antepasados se agitaron dentro de él y despertaron su naturaleza salvaje.
Acei strămoși s-au mișcat în el și i-au trezit natura sălbatică.
Sus antiguas habilidades habían pasado a él a través de la línea de sangre.
Vechile lor abilități îi transmiseseră prin linie genealogică.
Sus trucos ahora eran suyos, sin necesidad de práctica ni esfuerzo.
Trucurile lor erau acum ale lui, fără a fi nevoie de exersare sau efort.

En las noches frías y quietas, Buck levantaba la nariz y aullaba.
În nopțile liniștite și reci, Buck își ridica nasul și urla.
Aulló largo y profundamente, como lo hacían los lobos antaño.
A urlat prelung și adânc, așa cum făcuseră lupii cu mult timp în urmă.
A través de él, sus antepasados muertos apuntaron sus narices y aullaron.
Prin intermediul lui, strămoșii săi morți își îndreptau nasurile și urlau.
Aullaron a través de los siglos con su voz y su forma.
Au urlat de-a lungul secolelor în vocea și înfățișarea lui.
Sus cadencias eran las de ellos, viejos gritos que hablaban de dolor y frío.
Cadențele lui erau ale lor, strigăte vechi care vorbeau despre durere și frig.
Cantaron sobre la oscuridad, el hambre y el significado del invierno.
Au cântat despre întuneric, despre foame și despre semnificația iernii.
Buck demostró cómo la vida está determinada por fuerzas ajenas a uno mismo.
Buck a demonstrat cum viața este modelată de forțe dincolo de noi înșine,
La antigua canción se elevó a través de Buck y se apoderó de su alma.
cântecul străvechi s-a înălțat prin Buck și i-a cuprins sufletul.
Se encontró a sí mismo porque los hombres habían encontrado oro en el Norte.
S-a găsit pe sine pentru că oamenii găsiseră aur în Nord.
Y se encontró porque Manuel, el ayudante del jardinero, necesitaba dinero.
Și s-a regăsit pentru că Manuel, ajutorul grădinarului, avea nevoie de bani.

La Bestia Primordial Dominante
Bestia Primordială Dominanta

La bestia primordial dominante era tan fuerte como siempre en Buck.
Bestia primordială dominantă era la fel de puternică ca întotdeauna în Buck.
Pero la bestia primordial dominante yacía latente en él.
Dar fiara primordială dominantă zăcuse latentă în el.
La vida en el camino era dura, pero fortalecía a la bestia que Buck llevaba dentro.
Viața pe drumul cel bun era grea, dar întărea fiara din Buck.
En secreto, la bestia se hacía cada día más fuerte.
În secret, fiara devenea din ce în ce mai puternică pe zi ce trece.
Pero ese crecimiento interior permaneció oculto para el mundo exterior.
Dar acea creștere interioară a rămas ascunsă lumii exterioare.
Una fuerza primordial, tranquila y calmada se estaba construyendo dentro de Buck.
O forță primordială, liniștită și calmă, se clădea în interiorul lui Buck.
Una nueva astucia le proporcionó a Buck equilibrio, calma, control y aplomo.
Noua viclenie i-a dat lui Buck echilibru, calm, control și atitudine.
Buck se concentró mucho en adaptarse, sin sentirse nunca totalmente relajado.
Buck s-a concentrat din greu pe adaptare, fără să se simtă niciodată complet relaxat.
Él evitaba los conflictos, nunca iniciaba peleas ni buscaba problemas.
El evita conflictele, nu inițiază niciodată certuri și nici nu caută probleme.
Una reflexión lenta y constante moldeó cada movimiento de Buck.
O gândire lentă și constantă îi modela fiecare mișcare lui Buck.

Evitó las elecciones precipitadas y las decisiones repentinas e imprudentes.
A evitat alegerile pripite și deciziile bruște și nesăbuite.
Aunque Buck odiaba profundamente a Spitz, no le mostró ninguna agresión.
Deși Buck îl ura profund pe Spitz, nu i-a arătat nicio agresivitate.
Buck nunca provocó a Spitz y mantuvo sus acciones moderadas.
Buck nu l-a provocat niciodată pe Spitz și și-a ținut acțiunile reținute.
Spitz, por otro lado, percibió el creciente peligro en Buck.
Spitz, pe de altă parte, a simțit pericolul crescând la Buck.
Él veía a Buck como una amenaza y un serio desafío a su poder.
El îl vedea pe Buck ca pe o amenințare și o provocare serioasă la adresa puterii sale.
Aprovechó cada oportunidad para gruñir y mostrar sus afilados dientes.
A folosit fiecare ocazie să mârâie și să-și arate dinții ascuțiți.
Estaba tratando de iniciar la pelea mortal que estaba por venir.
Încerca să înceapă lupta mortală care trebuia să urmeze.
Al principio del viaje casi se desató una pelea entre ellos.
La începutul călătoriei, era cât pe ce să izbucnească o ceartă între ei.
Pero un accidente inesperado detuvo la pelea.
Însă un accident neașteptat a oprit lupta.
Esa tarde acamparon en el gélido lago Le Barge.
În seara aceea și-au stabilit tabăra pe lacul extrem de rece Le Barge.
La nieve caía con fuerza y el viento cortaba como un cuchillo.
Ninsoarea cădea tare, iar vântul tăia ca un cuțit.
La noche había llegado demasiado rápido y la oscuridad los rodeaba.
Noaptea venise prea repede și întunericul îi înconjura.

Difícilmente podrían haber elegido un peor lugar para descansar.
Cu greu ar fi putut alege un loc mai rău pentru odihnă.
Los perros buscaban desesperadamente un lugar donde tumbarse.
Câinii căutau cu disperare un loc unde să se culce.
Detrás del pequeño grupo se alzaba una alta pared de roca.
Un perete înalt de stâncă se înălța abrupt în spatele micului grup.
La tienda de campaña había sido abandonada en Dyea para aligerar la carga.
Cortul fusese lăsat în urmă în Dyea pentru a ușura povara.
No les quedó más remedio que hacer el fuego sobre el propio hielo.
Nu au avut de ales decât să facă focul chiar pe gheață.
Extendieron sus batas para dormir directamente sobre el lago helado.
Și-au întins hainele de dormit direct pe lacul înghețat.
Unos cuantos palitos de madera flotante les dieron un poco de fuego.
Câteva bețe de lemn plutitor le-au dat puțin foc.
Pero el fuego se construyó sobre el hielo y se descongeló a través de él.
Dar focul a fost aprins pe gheață și s-a dezghețat prin ea.
Al final, estaban comiendo su cena en la oscuridad.
În cele din urmă, își mâncau cina în întuneric.
Buck se acurrucó junto a la roca, protegido del viento frío.
Buck se ghemui lângă stâncă, adăpostit de vântul rece.
El lugar era tan cálido y seguro que Buck odiaba mudarse.
Locul era atât de cald și sigur încât Buck ura să se îndepărteze.
Pero François había calentado el pescado y estaba repartiendo raciones.
Dar François încălzise peștele și împărțea rații.
Buck terminó de comer rápidamente y regresó a su cama.
Buck termină repede de mâncat și se întoarse în pat.
Pero Spitz ahora estaba acostado donde Buck había hecho su cama.

Dar Spitz stătea acum întins acolo unde Buck își făcuse patul.
Un gruñido bajo advirtió a Buck que Spitz se negaba a moverse.
Un mârâit înfundat l-a avertizat pe Buck că Spitz refuza să se miște.
Hasta ahora, Buck había evitado esta pelea con Spitz.
Până acum, Buck evitase această luptă cu Spitz.
Pero en lo más profundo de Buck la bestia finalmente se liberó.
Dar, în adâncul lui Buck, fiara s-a dezlănțuit în cele din urmă.
El robo de su lugar para dormir era algo demasiado difícil de tolerar.
Furtul locului său de dormit era prea greu de tolerat.
Buck se lanzó hacia Spitz, lleno de ira y rabia.
Buck s-a năpustit asupra lui Spitz, plin de furie și mânie.
Hasta ahora Spitz había pensado que Buck era sólo un perro grande.
Până acum, Spitz crezuse că Buck era doar un câine mare.
No creía que Buck hubiera sobrevivido a través de su espíritu.
Nu credea că Buck supraviețuise datorită spiritului său.
Esperaba miedo y cobardía, no furia y venganza.
Se aștepta la frică și lașitate, nu la furie și răzbunare.
François se quedó mirando mientras los dos perros salían del nido en ruinas.
François se holba cum ambii câini țâșneau din cuibul distrus.
Comprendió de inmediato lo que había iniciado la salvaje lucha.
A înțeles imediat ce declanșase lupta aceea sălbatică.
—¡Ah! —gritó François en apoyo del perro marrón.
„Aa-ah!" a strigat François în semn de susținere a câinelui maro.
¡Dale una paliza! ¡Por Dios, castiga a ese ladrón astuto!
„Dă-i o bătaie! Pedepsește-l pe hoțul ăsta viclean!"
Spitz mostró la misma disposición y un entusiasmo salvaje por luchar.

Spitz a dat dovadă de o disponibilitate egală și o nerăbdare sălbatică de a lupta.
Gritó de rabia mientras giraba rápidamente en busca de una abertura.
A țipat de furie în timp ce se învârtea rapid în jurul lui, căutând o deschidere.
Buck mostró el mismo hambre de luchar y la misma cautela.
Buck a dat dovadă de aceeași sete de luptă și de aceeași prudență.
También rodeó a su oponente, intentando obtener la ventaja en la batalla.
Și-a înconjurat și el adversarul, încercând să câștige avantajul în luptă.
Entonces sucedió algo inesperado y lo cambió todo.
Apoi s-a întâmplat ceva neașteptat și a schimbat totul.
Ese momento retrasó la eventual lucha por el liderazgo.
Acel moment a amânat lupta finală pentru conducere.
Muchos kilómetros de camino y lucha aún nos esperaban antes del final.
Multe kilometri de potecă și luptă îi așteptau încă până la sfârșit.
Perrault gritó un juramento cuando un garrote impactó contra el hueso.
Perrault a înjurat în timp ce o bâtă s-a izbit de os.
Se escuchó un agudo grito de dolor y luego el caos explotó por todas partes.
A urmat un țipăt ascuțit de durere, apoi haosul a explodat în jur.
En el campamento se movían figuras oscuras: perros esquimales salvajes, hambrientos y feroces.
Siluete întunecate se mișcau în tabără; câini husky sălbatici, înfometați și feroce.
Cuatro o cinco docenas de perros esquimales habían olfateado el campamento desde lejos.
Patru sau cinci duzini de câini husky adulmecaseră tabăra de departe.

Se habían colado sigilosamente mientras los dos perros peleaban cerca.
Se strecuraseră înăuntru în liniște, în timp ce cei doi câini se luptau în apropiere.
François y Perrault atacaron con garrotes a los invasores.
François și Perrault au atacat, lovind cu bâte asupra invadatorilor.
Los perros esquimales hambrientos mostraron los dientes y contraatacaron frenéticamente.
Câinii husky înfometați și-au arătat colții și au ripostat frenetici.
El olor a carne y a pan les había hecho perder todo miedo.
Mirosul de carne și pâine îi alungase orice teamă.
Perrault golpeó a un perro que había enterrado su cabeza en el cajón de comida.
Perrault a bătut un câine care își îngropase capul în lada cu mâncare.
El golpe fue muy fuerte y la caja se volcó, derramándose comida.
Lovitura a lovit puternic, iar cutia s-a răsturnat, mâncarea vărsându-se afară.
En cuestión de segundos, una veintena de bestias salvajes destrozaron el pan y la carne.
În câteva secunde, o zece fiare sălbatice au sfâșiat pâinea și carnea.
Los garrotes de los hombres asestaron golpe tras golpe, pero ningún perro se apartó.
Bâtele bărbaților loveau după lovitură, dar niciun câine nu se întorsese.
Aullaron de dolor, pero lucharon hasta que no quedó comida.
Au urlat de durere, dar au luptat până când nu a mai rămas nimic de mâncare.
Mientras tanto, los perros de trineo habían saltado de sus camas nevadas.
Între timp, câinii de sanie săriseră din paturile lor înzăpezite.

Fueron atacados instantáneamente por los feroces y hambrientos huskies.
Au fost atacați instantaneu de husky-ii flămânzi și feroce.
Buck nunca había visto criaturas tan salvajes y hambrientas antes.
Buck nu mai văzuse niciodată creaturi atât de sălbatice și înfometate.
Su piel colgaba suelta, ocultando apenas sus esqueletos.
Pielea lor atârna moale, abia ascunzându-le scheletele.
Había un fuego en sus ojos, de hambre y locura.
Era o flacără în ochii lor, de la foame și nebunie
No había manera de detenerlos, de resistirse a su ataque salvaje.
Nu exista nicio modalitate de a-i opri; nicio modalitate de a le rezista năvalei sălbatice.
Los perros de trineo fueron empujados hacia atrás y presionados contra la pared del acantilado.
Câinii de sanie au fost împinși înapoi, lipiți de peretele stâncii.
Tres perros esquimales atacaron a Buck a la vez, desgarrando su carne.
Trei câini husky l-au atacat pe Buck deodată, sfâșiindu-i carnea.
La sangre le brotaba de la cabeza y de los hombros, donde había recibido el corte.
Sângele îi curgea șiroaie din cap și din umeri, unde fusese tăiat.
El ruido llenó el campamento: gruñidos, aullidos y gritos de dolor.
Zgomotul umplea tabăra; mârâite, schelălăite și strigăte de durere.
Billee gritó fuerte, como siempre, atrapada en la pelea y el pánico.
Billee a plâns tare, ca de obicei, prins în încăierare și panică.
Dave y Solleks estaban uno al lado del otro, sangrando pero desafiantes.
Dave și Solleks stăteau unul lângă altul, sângerând, dar sfidători.

Joe peleó como un demonio, mordiendo todo lo que se acercaba.
Joe se lupta ca un demon, mușcând tot ce se apropia.
Aplastó la pata de un husky con un brutal chasquido de sus mandíbulas.
A zdrobit piciorul unui husky cu o singură pocnitură brutală a fălcilor.
Pike saltó sobre el husky herido y le rompió el cuello instantáneamente.
Pike a sărit pe husky-ul rănit și i-a rupt gâtul instantaneu.
Buck agarró a un husky por el cuello y le arrancó la vena.
Buck a prins un husky de gât și i-a sfâșiat vena.
La sangre salpicó y el sabor cálido llevó a Buck al frenesí.
Sângele a țâșnit, iar gustul cald l-a făcut pe Buck să intre în frenezie.
Se abalanzó sobre otro atacante sin dudarlo.
S-a aruncat asupra unui alt atacator fără ezitare.
En ese mismo momento, unos dientes afilados se clavaron en la garganta de Buck.
În același moment, niște dinți ascuțiți i se înfipseră în gâtul lui Buck.
Spitz había atacado desde un costado, sin previo aviso.
Spitz lovise din lateral, atacând fără avertisment.
Perrault y François habían derrotado a los perros robando la comida.
Perrault și François i-au învins pe câinii care furau mâncarea.
Ahora se apresuraron a ayudar a sus perros a luchar contra los atacantes.
Acum s-au grăbit să-și ajute câinii să riposteze împotriva atacatorilor.
Los perros hambrientos se retiraron mientras los hombres blandían sus garrotes.
Câinii înfometați s-au retras în timp ce bărbații își loveau bâtele.
Buck se liberó del ataque, pero el escape fue breve.
Buck a scăpat din atac, dar evadarea a fost scurtă.

Los hombres corrieron a salvar a sus perros, y los huskies volvieron a atacarlos.
Bărbații au alergat să-și salveze câinii, iar husky-ii au năvălit din nou în roi.
Billee, aterrorizado y valiente, saltó hacia la jauría de perros.
Billee, înspăimântat și curajos, sări în haita de câini.
Pero luego huyó a través del hielo, presa del terror y el pánico.
Dar apoi a fugit peste gheață, cuprins de teroare și panică.
Pike y Dub los siguieron de cerca, corriendo para salvar sus vidas.
Pike și Dub i-au urmat îndeaproape, fugind să-și salveze viața.
El resto del equipo se separó y se dispersó, siguiéndolos.
Restul echipei s-a împrăștiat, urmându-i.
Buck reunió sus fuerzas para correr, pero entonces vio un destello.
Buck și-a adunat puterile să alerge, dar apoi a văzut o străfulgerare.
Spitz se abalanzó sobre el costado de Buck, intentando derribarlo al suelo.
Spitz s-a repezit la Buck, încercând să-l trântească la pământ.
Bajo esa turba de perros esquimales, Buck no habría tenido escapatoria.
Sub gloata aceea de câini husky, Buck n-ar fi avut scăpare.
Pero Buck se mantuvo firme y se preparó para el golpe de Spitz.
Dar Buck a rămas neclintit și s-a pregătit pentru lovitura lui Spitz.
Luego se dio la vuelta y salió corriendo al hielo con el equipo que huía.
Apoi s-a întors și a fugit pe gheață cu echipa care fugea.

Más tarde, los nueve perros de trineo se reunieron al abrigo del bosque.
Mai târziu, cei nouă câini de sanie s-au adunat la adăpostul pădurii.
Ya nadie los perseguía, pero estaban maltratados y heridos.

Nimeni nu i-a mai urmărit, dar au fost bătuți și răniți.
Cada perro tenía heridas: cuatro o cinco cortes profundos en cada cuerpo.
Fiecare câine avea răni; patru sau cinci tăieturi adânci pe fiecare corp.
Dub tenía una pata trasera herida y ahora le costaba caminar.
Dub avea un picior din spate rănit și acum se chinuia să meargă.
Dolly, la perrita más nueva de Dyea, tenía la garganta cortada.
Dolly, cea mai nouă cățelușă din Dyea, avea gâtul tăiat.
Joe había perdido un ojo y la oreja de Billee estaba cortada en pedazos.
Joe își pierduse un ochi, iar urechea lui Billee fusese tăiată în bucăți.
Todos los perros lloraron de dolor y derrota durante toda la noche.
Toți câinii au plâns de durere și înfrângere toată noaptea.
Al amanecer regresaron al campamento doloridos y destrozados.
În zori s-au strecurat înapoi în tabără, îndurerați și zdrobiți.
Los perros esquimales habían desaparecido, pero el daño ya estaba hecho.
Câinii husky dispăruseră, dar paguba fusese făcută.
Perrault y François estaban de mal humor ante las ruinas.
Perrault și François stăteau prost dispuși deasupra ruinelor.
La mitad de la comida había desaparecido, robada por los ladrones hambrientos.
Jumătate din mâncare dispăruse, furată de hoții flămânzi.
Los perros esquimales habían destrozado las ataduras y la lona del trineo.
Câinii husky rupseseră legăturile de sanie și prelata.
Todo lo que tenía olor a comida había sido devorado por completo.
Orice lucru care mirosea a mâncare fusese devorat complet.
Se comieron un par de botas de viaje de piel de alce de Perrault.

Au mâncat o pereche de cizme de călătorie din piele de elan ale lui Perrault.
Masticaban correas de cuero y arruinaban las correas hasta dejarlas inservibles.
Au mestecat reis-uri de piele și au stricat curelele până le-au fost nefolosite.
François dejó de mirar el látigo roto para revisar a los perros.
François s-a oprit din privit biciul rupt ca să se uite la câini.
—Ah, amigos míos —dijo en voz baja y llena de preocupación.
„Ah, prietenii mei", a spus el cu o voce joasă și plină de îngrijorare.
"Tal vez todas estas mordeduras os conviertan en bestias locas."
„Poate că toate mușcăturile astea vă vor transforma în bestii nebune."
—¡Quizás todos sean perros rabiosos, sacredam! ¿Qué opinas, Perrault?
„Poate că toți sunt câini turbați, sancta! Ce crezi, Perrault?"
Perrault meneó la cabeza; sus ojos estaban oscuros por la preocupación y el miedo.
Perrault clătină din cap, cu ochii întunecați de îngrijorare și frică.
Todavía había cuatrocientas millas entre ellos y Dawson.
Patru sute de mile se mai aflau încă între ei și Dawson.
La locura canina ahora podría destruir cualquier posibilidad de supervivencia.
Nebunia câinilor ar putea distruge acum orice șansă de supraviețuire.
Pasaron dos horas maldiciendo y tratando de arreglar el engranaje.
Au petrecut două ore înjurând și încercând să repare echipamentul.
El equipo herido finalmente abandonó el campamento, destrozado y derrotado.
Echipa rănită a părăsit în cele din urmă tabăra, înfrântă și zdrobită.

Éste fue el camino más difícil hasta ahora y cada paso era doloroso.
Aceasta a fost cea mai grea potecă de până acum, și fiecare pas a fost dureros.
El río Treinta Millas no se había congelado y su caudal corría con fuerza.
Râul Thirty Mile nu înghețase și curgea cu putere.
Sólo en los lugares tranquilos y en los remolinos el hielo logró retenerse.
Doar în locuri calme și vârtejuri învolburate gheața a reușit să reziste.
Pasaron seis días de duro trabajo hasta recorrer las treinta millas.
Au trecut șase zile de muncă grea până când au fost parcurși cei treizeci de mile.
Cada kilómetro del camino traía consigo peligro y amenaza de muerte.
Fiecare milă a potecii aducea pericol și amenințarea morții.
Los hombres y los perros arriesgaban sus vidas con cada doloroso paso.
Bărbații și câinii își riscau viața la fiecare pas dureros.
Perrault rompió delgados puentes de hielo una docena de veces diferentes.
Perrault a spart poduri subțiri de gheață de o duzină de ori.
Llevó un palo y lo dejó caer sobre el agujero que había hecho su cuerpo.
A cărat o prăjină și a lăsat-o să cadă peste gaura pe care o făcuse corpul său.
Más de una vez ese palo salvó a Perrault de ahogarse.
De mai multe ori, acel stâlp l-a salvat pe Perrault de la înec.
La ola de frío se mantuvo firme y el aire estaba a cincuenta grados bajo cero.
Valul de frig s-a ținut, aerul era sub cincizeci de grade.
Cada vez que se caía, Perrault tenía que encender un fuego para sobrevivir.
De fiecare dată când cădea, Perrault trebuia să aprindă un foc pentru a supraviețui.

La ropa mojada se congelaba rápidamente, por lo que la secaba cerca del calor abrasador.
Hainele ude înghețau repede, așa că le-a uscat aproape de o căldură arzătoare.
Ningún miedo afectó jamás a Perrault, y eso lo convirtió en mensajero.
Nicio teamă nu l-a cuprins vreodată pe Perrault, iar asta l-a făcut curier.
Fue elegido para el peligro y lo afrontó con tranquila resolución.
A fost ales pentru pericol și l-a înfruntat cu o hotărâre liniștită.
Avanzó contra el viento, con el rostro arrugado y congelado.
A înaintat în vânt, cu fața zbârcită și degerată.
Desde el amanecer hasta el anochecer, Perrault los condujo hacia adelante.
De la zorii palidi până la căderea nopții, Perrault i-a condus mai departe.
Caminó sobre un estrecho borde de hielo que se agrietaba con cada paso.
A mers pe gheața îngustă care crăpa la fiecare pas.
No se atrevieron a detenerse: cada pausa suponía el riesgo de un colapso mortal.
Nu îndrăzneau să se oprească – fiecare pauză risca o prăbușire fatală.
Una vez, el trineo se abrió paso y arrastró a Dave y Buck.
Odată, sania a spart calea, trăgându-i pe Dave și Buck înăuntru.
Cuando los liberaron, ambos estaban casi congelados.
Până când au fost târâți să se elibereze, amândoi erau aproape înghețați.
Los hombres hicieron un fuego rápidamente para mantener con vida a Buck y Dave.
Bărbații au făcut repede un foc pentru a-i ține în viață pe Buck și Dave.
Los perros estaban cubiertos de hielo desde la nariz hasta la cola, rígidos como madera tallada.

Câinii erau acoperiți de gheață din nas până la coadă, țepeni ca lemnul sculptat.
Los hombres los hicieron correr en círculos cerca del fuego para descongelar sus cuerpos.
Bărbații le-au alergat în cerc lângă foc pentru a le dezgheța corpurile.
Se acercaron tanto a las llamas que su pelaje se quemó.
S-au apropiat atât de mult de flăcări încât blana li s-a pârlit.
Luego Spitz rompió el hielo y arrastró al equipo detrás de él.
Spitz a spart gheața apoi, trăgând echipa în urma lui.
La ruptura llegó hasta donde Buck estaba tirando.
Rupa a ajuns până la locul unde trăgea Buck.
Buck se reclinó con fuerza hacia atrás, sus patas resbalaron y temblaron en el borde.
Buck se lăsă puternic pe spate, labele alunecându-i și tremurând pe margine.
Dave también se esforzó hacia atrás, justo detrás de Buck en la línea.
Și Dave s-a întins înapoi, chiar în spatele lui Buck, pe linie.
François tiró del trineo; sus músculos crujían por el esfuerzo.
François a tras de sanie, mușchii îi trosnind de la efort.
En otra ocasión, el borde del hielo se agrietó delante y detrás del trineo.
Altă dată, gheața de pe margine s-a crăpat în fața și în spatele saniei.
No tenían otra salida que escalar una pared del acantilado congelado.
Nu aveau nicio ieșire decât să escaladeze un perete de stâncă înghețat.
De alguna manera Perrault logró escalar el muro; un milagro lo mantuvo con vida.
Perrault a reușit cumva să escaladeze zidul; un miracol l-a ținut în viață.
François se quedó abajo, rezando por tener la misma suerte.
François a rămas jos, rugându-se pentru același noroc.
Ataron todas las correas, amarres y tirantes hasta formar una cuerda larga.

Au legat fiecare curea, legături și fire într-o singură frânghie lungă.
Los hombres subieron cada perro, uno a uno, hasta la cima.
Bărbații au târât fiecare câine, unul câte unul, până în vârf.
François subió el último, después del trineo y toda la carga.
François a urcat ultimul, după sanie și întreaga încărcătură.
Entonces comenzó una larga búsqueda de un camino para bajar de los acantilados.
Apoi a început o lungă căutare a unei poteci care să coboare de pe stânci.
Finalmente descendieron usando la misma cuerda que habían hecho.
În cele din urmă au coborât folosind aceeași frânghie pe care o făcuseră.
La noche cayó cuando regresaron al lecho del río, exhaustos y doloridos.
S-a lăsat noaptea când s-au întors la albia râului, epuizați și îndoliați.
El día completo les había proporcionado sólo un cuarto de milla de ganancia.
Le-a luat o zi întreagă să parcurgă doar un sfert de milă.
Cuando llegaron a Hootalinqua, Buck estaba agotado.
Când au ajuns la Hootalinqua, Buck era deja epuizat.
Los demás perros sufrieron igual de mal las condiciones del sendero.
Ceilalți câini au avut la fel de mult de suferit din cauza condițiilor de pe potecă.
Pero Perrault necesitaba recuperar tiempo y los presionaba cada día.
Dar Perrault avea nevoie să recupereze timp și i-a forțat în fiecare zi.
El primer día viajaron treinta millas hasta Big Salmon.
În prima zi au călătorit treizeci de mile până la Big Salmon.
Al día siguiente viajaron treinta y cinco millas hasta Little Salmon.
A doua zi au călătorit treizeci și cinci de mile până la Little Salmon.

Al tercer día avanzaron a través de cuarenta largas y heladas millas.
În a treia zi, au străbătut patruzeci de mile lungi și înghețate.
Para entonces, se estaban acercando al asentamiento de Five Fingers.
Până atunci, se apropiau de așezarea Five Fingers.

Los pies de Buck eran más suaves que los duros pies de los huskies nativos.
Picioarele lui Buck erau mai moi decât picioarele tari ale husky-urilor nativi.
Sus patas se habían vuelto tiernas a lo largo de muchas generaciones civilizadas.
Labele lui deveniseră fragede de-a lungul multor generații civilizate.
Hace mucho tiempo, sus antepasados habían sido domesticados por hombres del río o cazadores.
Cu mult timp în urmă, strămoșii săi fuseseră îmblânziți de oamenii râului sau de vânători.
Todos los días Buck cojeaba de dolor, caminando sobre sus patas doloridas y en carne viva.
În fiecare zi, Buck șchiopăta de durere, mergând pe labele dureroase și rănite.
En el campamento, Buck cayó como un cuerpo sin vida sobre la nieve.
În tabără, Buck a căzut ca o formă fără viață pe zăpadă.
Aunque estaba hambriento, Buck no se levantó a comer su cena.
Deși era înfometat, Buck nu s-a trezit să mănânce cina.
François le trajo a Buck su ración, poniendo pescado junto a su hocico.
François i-a adus lui Buck rația, punând peștele lângă bot.
Cada noche, el conductor frotaba los pies de Buck durante media hora.
În fiecare seară, șoferul îi masa picioarele lui Buck timp de o jumătate de oră.

François incluso cortó sus propios mocasines para hacer calzado para perros.
François chiar și-a tăiat propriii mocasini pentru a face încălțăminte pentru câini.
Cuatro zapatos cálidos le dieron a Buck un gran y bienvenido alivio.
Patru pantofi călduroși i-au dat lui Buck o mare și binevenită ușurare.
Una mañana, François olvidó los zapatos y Buck se negó a levantarse.
Într-o dimineață, François a uitat pantofii, iar Buck a refuzat să se trezească.
Buck yacía de espaldas, con los pies en el aire, agitándolos lastimeramente.
Buck zăcea pe spate, cu picioarele în aer, fluturându-le jalnic.
Incluso Perrault sonrió al ver la dramática súplica de Buck.
Chiar și Perrault a rânjit la vederea pledoariei dramatice a lui Buck.
Pronto los pies de Buck se endurecieron y los zapatos pudieron desecharse.
Curând, picioarele lui Buck s-au întărit, iar pantofii au putut fi aruncați.
En Pelly, durante el periodo de uso del arnés, Dolly emitió un aullido terrible.
La Pelly, în timpul orei de ham, Dolly a scos un urlet îngrozitor.
El grito fue largo y lleno de locura, sacudiendo a todos los perros.
Strigătul a fost lung și plin de nebunie, zguduind toți câinii.
Cada perro se erizaba de miedo sin saber el motivo.
Fiecare câine tresări de frică, fără să știe motivul.
Dolly se volvió loca y se arrojó directamente hacia Buck.
Dolly înnebunise și se aruncase direct asupra lui Buck.
Buck nunca había visto la locura, pero el horror llenó su corazón.
Buck nu mai văzuse niciodată nebunia, dar groaza îi umplea inima.

Sin pensarlo, se dio la vuelta y huyó presa del pánico absoluto.
Fără să stea pe gânduri, s-a întors și a fugit cuprins de panică.
Dolly lo persiguió con los ojos desorbitados y la saliva saliendo de sus mandíbulas.
Dolly l-a urmărit, cu ochii sălbatici și saliva șiroindu-i de pe fălci.
Ella se mantuvo justo detrás de Buck, sin ganar terreno ni quedarse atrás.
Ea a ținut imediat în spatele lui Buck, fără să câștige niciodată teren și fără să se retragă.
Buck corrió a través del bosque, bajó por la isla y cruzó el hielo irregular.
Buck a alergat prin pădure, pe insulă, peste gheața zimțată.
Cruzó hacia una isla, luego hacia otra, dando la vuelta nuevamente hasta el río.
A traversat spre o insulă, apoi spre alta, înconjurând înapoi spre râu.
Aún así Dolly lo persiguió, con su gruñido detrás de cada paso.
Dolly tot îl urmărea, mârâind îndeaproape la fiecare pas.
Buck podía oír su respiración y su rabia, aunque no se atrevía a mirar atrás.
Buck îi putea auzi respirația și furia, deși nu îndrăznea să se uite înapoi.
François gritó desde lejos y Buck se giró hacia la voz.
François a strigat de departe, iar Buck s-a întors spre voce.
Todavía jadeando en busca de aire, Buck pasó corriendo, poniendo toda su esperanza en François.
Încă gâfâind după aer, Buck a trecut în fugă, punându-și toată speranța în François.
El conductor del perro levantó un hacha y esperó mientras Buck pasaba volando.
Conducătorul de câine a ridicat un topor și a așteptat în timp ce Buck trecea în viteză pe lângă el.
El hacha cayó rápidamente y golpeó la cabeza de Dolly con una fuerza mortal.

Toporul a căzut repede și a lovit-o pe Dolly în cap cu o forță mortală.
Buck se desplomó cerca del trineo, jadeando e incapaz de moverse.
Buck s-a prăbușit lângă sanie, gâfâind și incapabil să se miște.
Ese momento le dio a Spitz la oportunidad de golpear a un enemigo exhausto.
Acel moment i-a oferit lui Spitz șansa de a lovi un dușman epuizat.
Mordió a Buck dos veces, desgarrando la carne hasta el hueso blanco.
De două ori l-a mușcat pe Buck, sfâșiind carnea până la osul alb.
El látigo de François hizo chasquear el látigo y golpeó a Spitz con toda su fuerza y furia.
Biciul lui François trosni, lovindu-l pe Spitz cu o forță deplină și furioasă.
Buck observó con alegría cómo Spitz recibía la paliza más dura que había recibido hasta entonces.
Buck a privit cu bucurie cum Spitz a primit cea mai aspră bătaie de până acum.
"Es un demonio ese Spitz", murmuró Perrault para sí mismo.
„E un diavol, Spitzul ăsta," mormăi Perrault sumbru.
"Algún día, ese maldito perro matará a Buck, lo juro".
„Într-o zi, în curând, câinele ăla blestemat îl va ucide pe Buck – jur."
—Ese Buck tiene dos demonios dentro —respondió François asintiendo.
„Buck ăsta are doi diavoli în el", răspunse François dând din cap.
"Cuando veo a Buck, sé que algo feroz le aguarda dentro".
„Când îl privesc pe Buck, știu că ceva feroce se ascunde în el."
"Un día se pondrá furioso y destrozará a Spitz".
„Într-o zi, se va înfuria ca focul și îl va sfâșia pe Spitz."
"Masticará a ese perro y lo escupirá en la nieve congelada".
„O să roadă câinele ăla și o să-l scuipe pe zăpada înghețată."
"Estoy seguro de que lo sé en lo más profundo de mi ser".

„Sigur că știu asta în adâncul oaselor mele."
A partir de ese momento los dos perros quedaron en guerra.
Din acel moment, cei doi câini au fost prinși într-un război.
Spitz lideró al equipo y mantuvo el poder, pero Buck lo desafió.
Spitz conducea echipa și deținea puterea, dar Buck a contestat acest lucru.
Spitz vio su rango amenazado por este extraño extraño de Southland.
Spitz își vedea rangul amenințat de acest ciudat străin din Southland.
Buck no se parecía a ningún otro perro sureño que Spitz hubiera conocido antes.
Buck era diferit de orice câine din sud pe care Spitz îl cunoscuse până atunci.
La mayoría de ellos fracasaron: eran demasiado débiles para sobrevivir al frío y al hambre.
Majoritatea au eșuat — prea slabi ca să supraviețuiască frigului și foamei.
Murieron rápidamente bajo el trabajo, las heladas y el lento ardor del hambre.
Au murit repede din cauza muncii, a gerului și a arsurilor lente ale foametei.
Buck se destacó: cada día más fuerte, más inteligente y más salvaje.
Buck s-a detașat - mai puternic, mai deștept și mai sălbatic în fiecare zi.
Prosperó a pesar de las dificultades y creció hasta alcanzar el nivel de los perros esquimales del norte.
A prosperat în greutăți, devenind egal cu husky-ii nordici.
Buck tenía fuerza, habilidad salvaje y un instinto paciente y mortal.
Buck avea forță, îndemânare sălbatică și un instinct răbdător și mortal.
El hombre con el garrote había golpeado la temeridad de Buck.
Bărbatul cu bâta îl făcuse pe Buck să se strice.

La furia ciega desapareció y fue reemplazada por una astucia silenciosa y control.
Furia oarbă dispăruse, înlocuită de viclenie tăcută şi control.
Esperó, tranquilo y primario, observando el momento adecuado.
A aşteptat, calm şi primordial, aşteptând momentul potrivit.
Su lucha por el mando se hizo inevitable y clara.
Lupta lor pentru comandă a devenit inevitabilă şi clară.
Buck deseaba el liderazgo porque su espíritu lo exigía.
Buck îşi dorea conducerea pentru că spiritul său o cerea.
Lo impulsaba el extraño orgullo nacido del camino y del arnés.
Era mânat de strania mândrie născută din potecă şi ham.
Ese orgullo hizo que los perros tiraran hasta caer sobre la nieve.
Mândria aceea i-a făcut pe câini să tragă până s-au prăbuşit în zăpadă.
El orgullo los llevó a dar toda la fuerza que tenían.
Mândria i-a ademenit să dea toată puterea pe care o aveau.
El orgullo puede atraer a un perro de trineo incluso hasta el punto de la muerte.
Mândria poate ademeni un câine de sanie chiar până la moarte.
La pérdida del arnés dejó a los perros rotos y sin propósito.
Pierderea hamului i-a lăsat pe câini frânţi şi fără scop.
El corazón de un perro de trineo puede quedar aplastado por la vergüenza cuando se retira.
Inima unui câine de sanie poate fi zdrobită de ruşine când se retrage.
Dave vivió con ese orgullo mientras arrastraba el trineo desde atrás.
Dave trăia după acea mândrie în timp ce trăgea sania din spate.
Solleks también lo dio todo con fuerza y lealtad.
Şi Solleks a dat totul cu o forţă sumbră şi o loialitate sumbre.
Cada mañana, el orgullo los transformaba de amargados a decididos.

În fiecare dimineață, mândria îi transforma din amărăciune în hotărâre.
Empujaron todo el día y luego se quedaron en silencio al final del campamento.
Au împins toată ziua, apoi au tăcut la capătul taberei.
Ese orgullo le dio a Spitz la fuerza para poner a raya a los evasores.
Această mândrie i-a dat lui Spitz puterea să-i învingă pe escroci și să-i pună la punct.
Spitz temía a Buck porque Buck tenía ese mismo orgullo profundo.
Spitz se temea de Buck pentru că Buck purta aceeași mândrie profundă.
El orgullo de Buck ahora se agitó contra Spitz, y no se detuvo.
Mândria lui Buck s-a înfuriat acum împotriva lui Spitz și nu s-a mai oprit.
Buck desafió el poder de Spitz y le impidió castigar a los perros.
Buck a sfidat puterea lui Spitz și l-a împiedicat să pedepsească câinii.
Cuando otros fallaron, Buck se interpuso entre ellos y su líder.
Când alții au eșuat, Buck s-a interpus între ei și liderul lor.
Lo hizo con intención, dejando claro y abierto su desafío.
A făcut asta cu intenție, făcându-și provocarea deschisă și clară.
Una noche, una fuerte nevada cubrió el mundo con un profundo silencio.
Într-o noapte, o ninsoare abundentă a acoperit lumea într-o liniște adâncă.
A la mañana siguiente, Pike, perezoso como siempre, no se levantó para ir a trabajar.
A doua zi dimineață, Pike, leneșă ca întotdeauna, nu s-a trezit ca să lucreze.
Se quedó escondido en su nido bajo una gruesa capa de nieve.

A rămas ascuns în cuibul său sub un strat gros de zăpadă.
François gritó y buscó, pero no pudo encontrar al perro.
François a strigat și a căutat, dar nu a putut găsi câinele.
Spitz se puso furioso y atravesó furioso el campamento cubierto de nieve.
Spitz s-a înfuriat și a năvălit prin tabăra acoperită de zăpadă.
Gruñó y olfateó, cavando frenéticamente con ojos llameantes.
A mârâit și a adulmecat, săpând nebunește cu ochi arzători.
Su rabia era tan feroz que Pike tembló de miedo bajo la nieve.
Furia lui era atât de aprigă încât Pike tremura sub zăpadă de frică.
Cuando finalmente encontraron a Pike, Spitz se abalanzó sobre él para castigar al perro que estaba escondido.
Când Pike a fost în sfârșit găsit, Spitz s-a repezit să-l pedepsească pe câinele care se ascundea.
Pero Buck saltó entre ellos con una furia igual a la de Spitz.
Dar Buck sări între ei cu o furie egală cu a lui Spitz.
El ataque fue tan repentino e inteligente que Spitz cayó al suelo.
Atacul a fost atât de brusc și ingenios încât Spitz a căzut din picioare.
Pike, que estaba temblando, se animó ante este desafío.
Pike, care tremura, prinse curaj din cauza acestei sfidări.
Saltó sobre el Spitz caído, siguiendo el audaz ejemplo de Buck.
A sărit pe Spitzul căzut, urmând exemplul îndrăzneț al lui Buck.
Buck, que ya no estaba obligado por la justicia, se unió a la huelga de Spitz.
Buck, nemaifiind obligat de corectitudine, s-a alăturat grevei de pe Spitz.
François, divertido pero firme en su disciplina, blandió su pesado látigo.
François, amuzat, dar ferm în disciplina sa, își lovi biciul greu.

Golpeó a Buck con todas sus fuerzas para acabar con la pelea.
L-a lovit pe Buck cu toată puterea ca să oprească lupta.
Buck se negó a moverse y se quedó encima del líder caído.
Buck a refuzat să se miște și a rămas deasupra liderului căzut.
François entonces utilizó el mango del látigo y golpeó con fuerza a Buck.
François a folosit apoi mânerul biciului, lovindu-l puternic pe Buck.
Tambaleándose por el golpe, Buck cayó hacia atrás bajo el asalto.
Clătinându-se din cauza loviturii, Buck a căzut înapoi sub asalt.
François golpeó una y otra vez mientras Spitz castigaba a Pike.
François lovea iar și iar, în timp ce Spitz îl pedepsea pe Pike.

Pasaron los días y Dawson City estaba cada vez más cerca.
Zilele treceau, iar Dawson City se apropia din ce în ce mai mult.
Buck seguía interfiriendo, interponiéndose entre Spitz y otros perros.
Buck se tot amesteca, strecurându-se între Spitz și alți câini.
Elegía bien sus momentos, esperando siempre que François se marchase.
Își alegea bine momentele, așteptând mereu ca François să plece.
La rebelión silenciosa de Buck se extendió y el desorden se arraigó en el equipo.
Revolta tăcută a lui Buck s-a răspândit, iar dezordinea a prins rădăcini în echipă.
Dave y Solleks se mantuvieron leales, pero otros se volvieron rebeldes.
Dave și Solleks au rămas loiali, dar alții au devenit indisciplinați.
El equipo empeoró: se volvió inquieto, pendenciero y fuera de lugar.

Echipa a devenit din ce în ce mai neliniștită - neliniștită, certăreață și dezechilibrată.
Ya nada funcionaba con fluidez y las peleas se volvieron algo habitual.
Nimic nu a mai funcționat bine, iar luptele au devenit frecvente.
Buck permaneció en el corazón del problema, provocando siempre malestar.
Buck a rămas în centrul necazurilor, provocând mereu tulburări.
François se mantuvo alerta, temeroso de la pelea entre Buck y Spitz.
François a rămas alert, temându-se de lupta dintre Buck și Spitz.
Cada noche, las peleas lo despertaban, temiendo que finalmente llegara el comienzo.
În fiecare noapte, încăierările îl trezeau, temându-se că, în sfârșit, începea.
Saltó de su túnica, dispuesto a detener la pelea.
A sărit din roba sa, gata să oprească lupta.
Pero el momento nunca llegó y finalmente llegaron a Dawson.
Dar momentul nu a venit niciodată și au ajuns în sfârșit la Dawson.
El equipo entró en la ciudad una tarde sombría, tensa y silenciosa.
Echipa a intrat în oraș într-o după-amiază mohorâtă, tensionată și liniștită.
La gran batalla por el liderazgo todavía estaba suspendida en el aire.
Marea bătălie pentru conducere încă plutea în aerul înghețat.
Dawson estaba lleno de hombres y perros de trineo, todos ocupados con el trabajo.
Dawson era plin de bărbați și câini de sanie, toți ocupați cu munca.
Buck observó a los perros tirar cargas desde la mañana hasta la noche.

Buck a privit câinii cum trăgeau poverile de dimineața până seara.
Transportaban troncos y leña y transportaban suministros a las minas.
Cărau bușteni și lemne de foc, transportau provizii la mine.
Donde antes trabajaban los caballos en las tierras del sur, ahora trabajaban los perros.
Acolo unde odinioară lucrau caii în Southland, acum munceau câinii.
Buck vio algunos perros del sur, pero la mayoría eran huskies parecidos a lobos.
Buck a văzut niște câini din Sud, dar majoritatea erau husky-uri care semănau cu lupii.
Por la noche, como un reloj, los perros alzaban sus voces cantando.
Noaptea, ca un ceasornic, câinii își ridicau vocile în cântec.
A las nueve, a las doce y de nuevo a las tres, empezó el canto.
La nouă, la miezul nopții și din nou la trei, au început cântecele.
A Buck le encantaba unirse a su canto misterioso, de sonido salvaje y antiguo.
Lui Buck îi plăcea să se alăture cântecului lor straniu, al cărui sunet era sălbatic și străvechi.
La aurora llameó, las estrellas bailaron y la nieve cubrió la tierra.
Aurora strălucea, stelele dansau, iar zăpada acoperea pământul.
El canto de los perros se elevó como un grito contra el silencio y el frío intenso.
Cântecul câinilor se înălța ca un strigăt împotriva tăcerii și a frigului aspru.
Pero su aullido contenía tristeza, no desafío, en cada larga nota.
Dar urletul lor conținea tristețe, nu sfidare, în fiecare notă lungă.
Cada grito lamentable estaba lleno de súplica: el peso de la vida misma.

Fiecare strigăt de vaier era plin de implorări; povara vieții însăși.
Esa canción era vieja, más vieja que las ciudades y más vieja que los incendios.
Cântecul acela era vechi - mai vechi decât orașele și mai vechi decât incendiile
Aquella canción era más antigua incluso que las voces de los hombres.
Cântecul acela era mai vechi chiar decât vocile oamenilor.
Era una canción del mundo joven, cuando todas las canciones eran tristes.
A fost un cântec din lumea tânără, când toate cântecele erau triste.
La canción transportaba el dolor de incontables generaciones de perros.
Cântecul purta durerea nenumărate generații de câini.
Buck sintió la melodía profundamente, gimiendo por un dolor arraigado en los siglos.
Buck a simțit melodia adânc, gemând din cauza unei dureri înrădăcinate în secole.
Sollozaba por un dolor tan antiguo como la sangre salvaje en sus venas.
A plâns din suspine din cauza unei dureri la fel de veche ca sângele sălbatic din venele sale.
El frío, la oscuridad y el misterio tocaron el alma de Buck.
Frigul, întunericul și misterul au atins sufletul lui Buck.
Esa canción demostró hasta qué punto Buck había regresado a sus orígenes.
Cântecul acela a dovedit cât de mult se întorsese Buck la originile sale.
Entre la nieve y los aullidos había encontrado el comienzo de su propia vida.
Prin zăpadă și urlete, își găsise începutul propriei vieți.

Siete días después de llegar a Dawson, partieron nuevamente.

La şapte zile după sosirea în Dawson, au pornit din nou la drum.
El equipo descendió del cuartel hasta el sendero Yukon.
Echipa a coborât de la cazarmă pe traseul Yukon.
Comenzaron el viaje de regreso hacia Dyea y Salt Water.
Au început călătoria înapoi spre Dyea şi Salt Water.
Perrault llevaba despachos aún más urgentes que antes.
Perrault a transportat corespondenţe şi mai urgente decât înainte.
También se sintió dominado por el orgullo por el sendero y se propuso establecer un récord.
De asemenea, a fost cuprins de mândria patinajului şi şi-a propus să stabilească un record.
Esta vez, varias ventajas estaban del lado de Perrault.
De data aceasta, mai multe avantaje erau de partea lui Perrault.
Los perros habían descansado durante una semana entera y recuperaron su fuerza.
Câinii se odihniseră o săptămână întreagă şi îşi recăpătaseră puterile.
El camino que ellos habían abierto ahora estaba compactado por otros.
Drumul pe care îl croiseră era acum brăzdat de alţii.
En algunos lugares, la policía había almacenado comida tanto para perros como para hombres.
În unele locuri, poliţia depozitase mâncare atât pentru câini, cât şi pentru bărbaţi.
Perrault viajaba ligero, moviéndose rápido y con poco que lo pesara.
Perrault a călătorit uşor, mişcându-se repede, cu puţine lucruri care să-l împovăreze.
Llegaron a Sixty-Mile, un recorrido de cincuenta millas, en la primera noche.
Au ajuns la Sixty-Mile, o alergare de cincizeci de mile, în prima noapte.
El segundo día, se apresuraron a subir por el Yukón hacia Pelly.

În a doua zi, au pornit în grabă pe Yukon spre Pelly.
Pero estos grandes avances implicaron un gran esfuerzo para François.
Însă un astfel de progres excelent a venit cu mult efort pentru François.
La rebelión silenciosa de Buck había destrozado la disciplina del equipo.
Rebeliunea tăcută a lui Buck spulberase disciplina echipei.
Ya no tiraban juntos como una sola bestia bajo las riendas.
Nu se mai țineau laolaltă ca o singură fiară în frâie.
Buck había llevado a otros al desafío mediante su valiente ejemplo.
Buck îi determinase pe alții să se răzgândească prin exemplul său îndrăzneț.
La orden de Spitz ya no fue recibida con miedo ni respeto.
Ordinul lui Spitz nu mai era întâmpinat cu frică sau respect.
Los demás perdieron el respeto que le tenían y se atrevieron a resistirse a su gobierno.
Ceilalți și-au pierdut venerația față de el și au îndrăznit să se opună domniei sale.
Una noche, Pike robó medio pescado y se lo comió bajo la mirada de Buck.
Într-o noapte, Pike a furat jumătate de pește și l-a mâncat sub ochiul lui Buck.
Otra noche, Dub y Joe pelearon contra Spitz y quedaron impunes.
Într-o altă noapte, Dub și Joe s-au luptat cu Spitz și au rămas nepedepsiți.
Incluso Billee se quejó con menos dulzura y mostró una nueva agudeza.
Chiar și Billee se văicărea mai puțin dulce și dădea dovadă de o nouă ascuțime.
Buck le gruñó a Spitz cada vez que se cruzaban.
Buck mârâia la Spitz de fiecare dată când se intersectau.
La actitud de Buck se volvió audaz y amenazante, casi como la de un matón.

Atitudinea lui Buck deveni îndrăzneață și amenințătoare, aproape ca a unui bătăuș.
Caminó delante de Spitz con arrogancia, lleno de amenaza burlona.
Pășea prin fața lui Spitz cu o aroganță arogantă, plină de o amenințare batjocoritoare.
Ese colapso del orden se extendió también entre los perros de trineo.
Acea prăbușire a ordinii s-a răspândit și printre câinii de sanie.
Pelearon y discutieron más que nunca, llenando el campamento de ruido.
S-au luptat și s-au certat mai mult ca niciodată, umplând tabăra cu gălăgie.
La vida en el campamento se convertía cada noche en un caos salvaje y aullante.
Viața în tabără se transforma în fiecare noapte într-un haos sălbatic, urlător.
Sólo Dave y Solleks permanecieron firmes y concentrados.
Doar Dave și Solleks au rămas calmi și concentrați.
Pero incluso ellos se enojaron por las peleas constantes.
Dar chiar și ei au devenit irascibili din cauza certurilor constante.
François maldijo en lenguas extrañas y pisoteó con frustración.
François a înjurat în limbi ciudate și a călcat în picioare de frustrare.
Se tiró del pelo y gritó mientras la nieve volaba bajo sus pies.
Și-a smuls părul și a țipat în timp ce zăpada cădea sub picioare.
Su látigo azotó a la manada, pero apenas logró mantenerlos bajo control.
Biciul său a lovit haita cu putere, dar abia i-a ținut în linie.
Cada vez que él le daba la espalda, la lucha estallaba de nuevo.
Ori de câte ori îi întorcea spatele, luptele izbucneau din nou.

François utilizó el látigo para azotar a Spitz, mientras Buck lideraba a los rebeldes.
François a folosit biciul pentru Spitz, în timp ce Buck i-a condus pe rebeli.
Cada uno conocía el papel del otro, pero Buck evitó cualquier culpa.
Fiecare știa rolul celuilalt, dar Buck evita orice învinovățire.
François nunca sorprendió a Buck iniciando una pelea o eludiendo su trabajo.
François nu l-a prins niciodată pe Buck inițiind o ceartă sau eschivându-se de la serviciu.
Buck trabajó duro con el arnés; el trabajo ahora emocionaba su espíritu.
Buck muncea din greu, purtat de hamuri — truda îi încânta acum spiritul.
Pero encontró aún más alegría al provocar peleas y caos en el campamento.
Dar găsea și mai multă bucurie în a stârni lupte și haos în tabără.

Una noche, en la desembocadura del Tahkeena, Dub asustó a un conejo.
Într-o seară, la gura Tahkeenei, Dub a speriat un iepure.
Falló el tiro y el conejo con raquetas de nieve saltó lejos.
A ratat captura, iar iepurele cu rachete de zăpadă a sărit departe.
En cuestión de segundos, todo el equipo de trineo los persiguió con gritos salvajes.
În câteva secunde, întregul echipaj de sanie i-a urmărit cu țipete sălbatice.
Cerca de allí, un campamento de la Policía del Noroeste albergaba cincuenta perros husky.
În apropiere, o tabără a Poliției de Nord-Vest adăpostea cincizeci de câini husky.
Se unieron a la caza y navegaron juntos por el río helado.
S-au alăturat vânătorii, coborând împreună râul înghețat.

El conejo se desvió del río y huyó hacia el lecho congelado del arroyo.
Iepurele a ocolit râul, fugind în susul unui pârâu înghețat.
El conejo saltaba suavemente sobre la nieve mientras los perros se abrían paso con dificultad.
Iepurele sărea ușor prin zăpadă, în timp ce câinii se chinuiau să treacă prin ea.
Buck lideró la enorme manada de sesenta perros en cada curva.
Buck conducea haita masivă de șaizeci de câini în jurul fiecărei curbe șerpuitoare.
Avanzó lentamente y con entusiasmo, pero no pudo ganar terreno.
A înaintat, jos și nerăbdător, dar nu a putut câștiga teren.
Su cuerpo brillaba bajo la pálida luna con cada poderoso salto.
Corpul său sclipea sub lumina palidă a lunii la fiecare salt puternic.
Más adelante, el conejo se movía como un fantasma, silencioso y demasiado rápido para atraparlo.
În față, iepurele se mișca ca o fantomă, tăcut și prea repede pentru a fi prins.
Todos esos viejos instintos —el hambre, la emoción— se apoderaron de Buck.
Toate acele vechi instincte – foamea, fiorul – l-au străbătut pe Buck.
Los humanos a veces sienten este instinto y se ven impulsados a cazar con armas de fuego y balas.
Oamenii simt acest instinct uneori, fiind împinși să vâneze cu pușca și gloanțele.
Pero Buck sintió este sentimiento a un nivel más profundo y personal.
Dar Buck a simțit acest sentiment la un nivel mai profund și mai personal.
No podían sentir lo salvaje en su sangre como Buck podía sentirlo.

Nu puteau simți sălbăticia din sângele lor așa cum o simțea
Buck.
**Persiguió carne viva, dispuesto a matar con los dientes y
saborear la sangre.**
A urmărit carne vie, gata să ucidă cu dinții și să guste sânge.
**Su cuerpo se tensó de alegría, queriendo bañarse en la cálida
vida roja.**
Corpul său se încorda de bucurie, dorind să se scalde în viața
caldă și roșie.
**Una extraña alegría marca el punto más alto que la vida
puede alcanzar.**
O bucurie stranie marchează cel mai înalt punct pe care viața îl
poate atinge vreodată.
**La sensación de una cima donde los vivos olvidan que están
vivos.**
Sentimentul unui vârf unde cei vii uită că sunt în viață.
**Esta alegría profunda conmueve al artista perdido en una
inspiración ardiente.**
Această bucurie profundă îl atinge pe artistul pierdut în
inspirația aprinsă.
**Esta alegría se apodera del soldado que lucha salvajemente y
no perdona a ningún enemigo.**
Această bucurie îl cuprinde pe soldatul care luptă cu sălbăticie
și nu cruță niciun dușman.
**Esta alegría ahora se apoderó de Buck mientras lideraba la
manada con hambre primaria.**
Această bucurie îl cuprinse acum pe Buck, în timp ce
conducea haita cu o foame primordială.
**Aulló con el antiguo grito del lobo, emocionado por la
persecución en vida.**
A urlat cu străvechiul strigăt de lup, încântat de goana vie.
**Buck recurrió a la parte más antigua de sí mismo, perdida en
la naturaleza.**
Buck a atins cea mai veche parte a ființei sale, pierdută în
sălbăticie.
**Llegó a lo más profundo, más allá de la memoria, al tiempo
crudo y antiguo.**

A sărit adânc în suflet, dincolo de amintiri, în timpul brut, străvechi.
Una ola de vida pura recorrió cada músculo y tendón.
Un val de viață pură a năvălit prin fiecare mușchi și tendon.
Cada salto gritaba que vivía, que avanzaba a través de la muerte.
Fiecare salt striga că trăiește, că trece prin moarte.
Su cuerpo se elevaba alegremente sobre una tierra quieta y fría que nunca se movía.
Corpul său se înălța bucuros peste un ținut nemișcat și rece, care nu se mișca niciodată.
Spitz se mantuvo frío y astuto, incluso en sus momentos más salvajes.
Spitz a rămas rece și viclean, chiar și în cele mai nebunești momente ale sale.
Dejó el sendero y cruzó el terreno donde el arroyo se curvaba ampliamente.
A părăsit poteca și a traversat un ținut unde pârâul se curba larg.
Buck, sin darse cuenta de esto, permaneció en el sinuoso camino del conejo.
Buck, fără să știe de asta, a rămas pe cărarea șerpuitoare a iepurelui.
Entonces, cuando Buck dobló una curva, el conejo fantasmal estaba frente a él.
Apoi, când Buck a luat o curbă, iepurele cu aspect de fantomă a apărut în fața lui.
Vio una segunda figura saltar desde la orilla delante de la presa.
A văzut o a doua siluetă sărind de pe mal înaintea prăzii.
La figura era Spitz, aterrizando justo en el camino del conejo que huía.
Silueta era Spitz, care ateriza chiar în calea iepurelui care fugea.
El conejo no pudo girar y se encontró con las fauces de Spitz en el aire.
Iepurele nu se putea întoarce și a lovit fălcile lui Spitz în aer.

La columna vertebral del conejo se rompió con un chillido tan agudo como el grito de un humano moribundo.
Șira spinării iepurelui s-a rupt cu un țipăt la fel de ascuțit ca strigătul unui om pe moarte.
Ante ese sonido, la caída de la vida a la muerte, la manada aulló fuerte.
La acel sunet – căderea de la viață la moarte – haita a urlat tare.
Un coro salvaje se elevó detrás de Buck, lleno de oscuro deleite.
Un cor sălbatic s-a ridicat din spatele lui Buck, plin de o încântare sumbră.
Buck no emitió ningún grito ni sonido y se lanzó directamente hacia Spitz.
Buck nu a scos niciun țipăt, niciun sunet și s-a năpustit direct asupra lui Spitz.
Apuntó a la garganta, pero en lugar de eso golpeó el hombro.
A țintit spre gât, dar a lovit în schimb umărul.
Cayeron sobre la nieve blanda; sus cuerpos trabados en combate.
Se rostogoleau prin zăpadă moale; trupurile lor erau înlănțuite în luptă.
Spitz se levantó rápidamente, como si nunca lo hubieran derribado.
Spitz a sărit repede în sus, ca și cum n-ar fi fost doborât deloc.
Cortó el hombro de Buck y luego saltó para alejarse de la pelea.
L-a lovit pe Buck la umăr, apoi a sărit din luptă.
Sus dientes chasquearon dos veces como trampas de acero y sus labios se curvaron y fueron feroces.
De două ori dinții i-au pocnit ca niște capcane de oțel, buzele strâmbate și fioroase.
Retrocedió lentamente, buscando terreno firme bajo sus pies.
S-a retras încet, căutând teren solid sub picioare.
Buck comprendió el momento instantánea y completamente.
Buck a înțeles momentul instantaneu și pe deplin.

Había llegado el momento; la lucha iba a ser una lucha a muerte.
Sosise momentul; lupta urma să fie o luptă pe viață și pe moarte.
Los dos perros daban vueltas, gruñendo, con las orejas planas y los ojos entrecerrados.
Cei doi câini se învârteau în cerc, mârâind, cu urechile plesnite și ochii mijiți.
Cada perro esperaba que el otro mostrara debilidad o un paso en falso.
Fiecare câine aștepta ca celălalt să arate slăbiciune sau să facă un pas greșit.
Para Buck, la escena era inquietantemente conocida y recordada profundamente.
Pentru Buck, scena părea straniu de cunoscută și profund amintită.
El bosque blanco, la tierra fría, la batalla bajo la luz de la luna.
Pădurile albe, pământul rece, bătălia sub lumina lunii.
Un pesado silencio llenó la tierra, profundo y antinatural.
O liniște apăsătoare umplea pământul, adâncă și nefirească.
Ningún viento se agitó, ninguna hoja se movió, ningún sonido rompió la quietud.
Niciun vânt nu se mișca, nicio frunză nu spargea, niciun sunet nu strica liniștea.
El aliento de los perros se elevaba como humo en el aire helado y silencioso.
Respirațiile câinilor se înălțau ca fumul în aerul înghețat și liniștit.
El conejo fue olvidado hace mucho tiempo por la manada de bestias salvajes.
Iepurele a fost de mult uitat de haita de animale sălbatice.
Estos lobos medio domesticados ahora permanecían quietos formando un amplio círculo.
Acești lupi pe jumătate îmblânziți stăteau acum nemișcați, formând un cerc larg.

Estaban en silencio, sólo sus ojos brillantes revelaban su hambre.
Erau tăcuți, doar ochii lor strălucitori le dezvăluia foamea.
Su respiración se elevó mientras observaban cómo comenzaba la pelea final.
Respirația li s-a ridicat, privind cum începe lupta finală.
Para Buck, esta batalla era vieja y esperada, nada extraña.
Pentru Buck, această bătălie era veche și așteptată, deloc ciudată.
Parecía el recuerdo de algo que siempre estuvo destinado a suceder.
Părea o amintire a ceva menit să se întâmple mereu.
Spitz era un perro de pelea entrenado, perfeccionado por innumerables peleas salvajes.
Spitzul era un câine de luptă dresat, perfecționat prin nenumărate încăierări sălbatice.
Desde Spitzbergen hasta Canadá, había vencido a muchos enemigos.
De la Spitzbergen până în Canada, el stăpânise mulți dușmani.
Estaba lleno de furia, pero nunca dejó controlar la rabia.
Era cuprins de furie, dar nu și-a dat niciodată stăpânire de furie.
Su pasión era aguda, pero siempre templada por un duro instinto.
Pasiunea lui era ascuțită, dar întotdeauna temperată de un instinct dur.
Nunca atacó hasta que su propia defensa estuvo en su lugar.
Nu a atacat niciodată până când nu și-a pus în aplicare propria apărare.
Buck intentó una y otra vez alcanzar el vulnerable cuello de Spitz.
Buck a încercat iar și iar să ajungă la gâtul vulnerabil al lui Spitz.
Pero cada golpe era correspondido con un corte de los afilados dientes de Spitz.
Dar fiecare lovitură era întâmpinată de o tăietură din dinții ascuțiți ai lui Spitz.

Sus colmillos chocaron y ambos perros sangraron por los labios desgarrados.
Colții li s-au ciocnit, iar ambii câini au sângerat din buzele sfâșiate.
No importaba cuánto se lanzara Buck, no podía romper la defensa.
Indiferent cum s-ar fi aruncat Buck, nu a putut sparge apărarea.
Se puso más furioso y se abalanzó con salvajes ráfagas de poder.
A devenit și mai furios, năvălind cu izbucniri sălbatice de putere.
Una y otra vez, Buck atacó la garganta blanca de Spitz.
Buck a lovit iar și iar gâtul alb al lui Spitz.
Cada vez que Spitz esquivaba el ataque, contraatacaba con un mordisco cortante.
De fiecare dată, Spitz se eschiva și riposta cu o mușcătură tăioasă.
Entonces Buck cambió de táctica y se abalanzó nuevamente hacia la garganta.
Apoi Buck și-a schimbat tactica, năvălind din nou ca și cum ar fi prins gâtul.
Pero él retrocedió a mitad del ataque y se giró para atacar desde un costado.
Dar s-a retras în mijlocul atacului, întorcându-se să lovească din lateral.
Le lanzó el hombro a Spitz con la intención de derribarlo.
L-a izbit cu umărul pe Spitz, cu intenția de a-l doborî.
Cada vez que lo intentaba, Spitz lo esquivaba y contraatacaba con un corte.
De fiecare dată când încerca, Spitz se eschiva și riposta cu o lovitură tăioasă.
El hombro de Buck se enrojeció cuando Spitz saltó después de cada golpe.
Umărul lui Buck se înțepenea când Spitz sărea după fiecare lovitură.

Spitz no había sido tocado, mientras que Buck sangraba por muchas heridas.
Spitz nu fusese atins, în timp ce Buck sângera din multe răni.
La respiración de Buck era rápida y pesada y su cuerpo estaba cubierto de sangre.
Respirația lui Buck era rapidă și grea, iar corpul îi era alunecos de sânge.
La pelea se volvió más brutal con cada mordisco y embestida.
Lupta devenea mai brutală cu fiecare mușcătură și atac.
A su alrededor, sesenta perros silenciosos esperaban que cayera el primero.
În jurul lor, șaizeci de câini tăcuți așteptau ca primii să cadă.
Si un perro caía, la manada terminaría la pelea.
Dacă un câine cădea, haita urma să termine lupta.
Spitz vio que Buck se estaba debilitando y comenzó a presionar para atacar.
Spitz l-a văzut pe Buck slăbind și a început să atace în forță.
Mantuvo a Buck fuera de equilibrio, obligándolo a luchar para mantener el equilibrio.
L-a dezechilibrat pe Buck, forțându-l să se lupte pentru a se menține în echilibru.
Una vez Buck tropezó y cayó, y todos los perros se levantaron.
Odată Buck s-a împiedicat și a căzut, iar toți câinii s-au ridicat.
Pero Buck se enderezó a mitad de la caída y todos volvieron a caer.
Dar Buck s-a îndreptat la mijlocul căderii și toată lumea s-a prăbușit la loc.
Buck tenía algo poco común: una imaginación nacida de un instinto profundo.
Buck avea ceva rar – imaginație născută dintr-un instinct profund.
Peleó con impulso natural, pero también peleó con astucia.
A luptat din instinct natural, dar a luptat și cu viclenie.
Cargó de nuevo como si repitiera su truco de ataque con el hombro.

A năvălit din nou, ca și cum și-ar fi repetat trucul de atac cu umărul.
Pero en el último segundo, se agachó y pasó por debajo de Spitz.
Dar în ultima secundă, a coborât și a trecut sub Spitz.
Sus dientes se clavaron en la pata delantera izquierda de Spitz con un chasquido.
Dinții i s-au înfipt în piciorul stâng din față al lui Spitz cu un pocnet.
Spitz ahora estaba inestable, con su peso sobre sólo tres patas.
Spitz stătea acum nesigur, sprijinindu-se doar pe trei picioare.
Buck atacó de nuevo e intentó derribarlo tres veces.
Buck a lovit din nou, încercând de trei ori să-l doboare.
En el cuarto intento utilizó el mismo movimiento con éxito.
La a patra încercare a folosit aceeași mișcare cu succes.
Esta vez Buck logró morder la pata derecha de Spitz.
De data aceasta, Buck a reușit să muște piciorul drept al lui Spitz.
Spitz, aunque lisiado y en agonía, siguió luchando por sobrevivir.
Spitz, deși schilodit și în agonie, a continuat să se lupte pentru a supraviețui.
Vio que el círculo de huskies se estrechaba, con las lenguas afuera y los ojos brillantes.
A văzut cercul de husky-i strângându-se, cu limbile scoase și ochii strălucind.
Esperaron para devorarlo, tal como habían hecho con los otros.
Așteptau să-l devoreze, așa cum făcuseră și cu alții.
Esta vez, él estaba en el centro; derrotado y condenado.
De data aceasta, stătea în centru; învins și condamnat.
Ya no había opción de escapar para el perro blanco.
Câinele alb nu mai avea nicio opțiune de scăpare acum.
Buck no mostró piedad, porque la piedad no pertenecía a la naturaleza.
Buck n-a arătat milă, căci mila nu-și avea locul în sălbăticie.

Buck se movió con cuidado, preparándose para la carga final.
Buck s-a mișcat cu grijă, pregătindu-se pentru atacul final.
El círculo de perros esquimales se cerró; sintió sus respiraciones cálidas.
Cercul de câini husky se strânse; el le simți respirația caldă.
Se agacharon, preparados para saltar cuando llegara el momento.
S-au ghemuit, pregătiți să sară când va veni momentul.
Spitz temblaba en la nieve, gruñendo y cambiando su postura.
Spitz tremura în zăpadă, mârâind și schimbându-și poziția.
Sus ojos brillaban, sus labios se curvaron y sus dientes brillaron en una amenaza desesperada.
Ochii îi străluceau, buzele i se strâmbau, iar dinții îi sclipeau într-o amenințare disperată.
Se tambaleó, todavía intentando contener el frío mordisco de la muerte.
S-a clătinat, încercând încă să se abțină de la mușcătura rece a morții.
Ya había visto esto antes, pero siempre desde el lado ganador.
Mai văzuse asta și înainte, dar întotdeauna din partea câștigătoarei.
Ahora estaba en el bando perdedor; el derrotado; la presa; la muerte.
Acum era de partea pierzătorilor; cel învins; prada; moartea.
Buck voló en círculos para asestar el golpe final, mientras el círculo de perros se acercaba cada vez más.
Buck se învârti pentru lovitura finală, cercul de câini strângându-se tot mai aproape.
Podía sentir sus respiraciones calientes; listas para matar.
Le putea simți respirația fierbinte; gata de ucidere.
Se hizo un silencio absoluto, todo estaba en su lugar, el tiempo se había detenido.
S-a lăsat liniștea; totul era la locul lui; timpul se oprise.

Incluso el aire frío entre ellos se congeló por un último momento.
Chiar și aerul rece dintre ei a înghețat pentru o ultimă clipă.
Sólo Spitz se movió, intentando contener su amargo final.
Doar Spitz s-a mișcat, încercând să-și amâne sfârșitul amar.
El círculo de perros se iba cerrando a su alrededor, tal como era su destino.
Cercul câinilor se strângea în jurul lui, la fel ca și destinul său.
Ahora estaba desesperado, sabiendo lo que estaba a punto de suceder.
Era disperat acum, știind ce urma să se întâmple.
Buck saltó y hombro con hombro chocó una última vez.
Buck a sărit înăuntru, umărul s-a întâlnit cu umărul pentru ultima oară.
Los perros se lanzaron hacia adelante, cubriendo a Spitz en la oscuridad nevada.
Câinii s-au năpustit înainte, acoperindu-l pe Spitz în întunericul ca zăpada.
Buck observaba, erguido, vencedor en un mundo salvaje.
Buck privea, stând drept în picioare; învingătorul într-o lume sălbatică.
La bestia primordial dominante había cometido su asesinato, y fue bueno.
Fiara primordială dominantă își făcuse prada, și era bună.

Aquel que ha alcanzado la maestría
El, care a câştigat spre măiestrie

¿Eh? ¿Qué dije? Digo la verdad cuando digo que Buck es un demonio.
„Eh? Ce-am spus? Spun adevărul când spun că Buck e un diavol."
François dijo esto a la mañana siguiente después de descubrir que Spitz había desaparecido.
François a spus asta a doua zi dimineaţă, după ce l-a găsit pe Spitz dispărut.
Buck permaneció allí, cubierto de heridas por la feroz pelea.
Buck stătea acolo, acoperit de rănile provocate de lupta aprigă.
François acercó a Buck al fuego y señaló las heridas.
François l-a tras pe Buck lângă foc şi a arătat spre răni.
"Ese Spitz peleó como Devik", dijo Perrault, mirando los profundos cortes.
„Spitz-ul ăla s-a luptat ca Devik-ul", a spus Perrault, privind tăieturile adânci.
—Y ese Buck peleó como dos demonios —respondió François inmediatamente.
„Şi Buck-ul ăla s-a luptat ca doi diavoli", a răspuns François imediat.
"Ahora iremos a buen ritmo; no más Spitz, no más problemas".
„Acum o să ne descurcăm bine; gata cu Spitz-ii, gata cu necazurile."
Perrault estaba empacando el equipo y cargando el trineo con cuidado.
Perrault împacheta echipamentul şi încărca sania cu grijă.
François enjaezó a los perros para prepararlos para la carrera del día.
François a înhamat câinii în pregătire pentru cursa zilei.
Buck trotó directamente a la posición de liderazgo que alguna vez ocupó Spitz.
Buck a alergat direct în poziţia de frunte, deţinută cândva de Spitz.

Pero François, sin darse cuenta, condujo a Solleks hacia el frente.
Dar François, fără să observe, l-a condus pe Solleks în față.
A juicio de François, Solleks era ahora el mejor perro guía.
După părerea lui François, Solleks era acum cel mai bun câine de conducere.
Buck se abalanzó furioso sobre Solleks y lo hizo retroceder en protesta.
Buck a sărit furios asupra lui Solleks și l-a respins în semn de protest.
Se situó en el mismo lugar que una vez estuvo Spitz, ocupando la posición de liderazgo.
El a stat acolo unde stătuse odinioară Spitz, revendicând poziția de lider.
—¿Eh? ¿Eh? —gritó François, dándose palmadas en los muslos, divertido.
„Ăă? Ăă?" a strigat François, bătându-și palmele peste coapsă amuzat.
—Mira a Buck. Mató a Spitz y ahora quiere aceptar el trabajo.
„Uite-te la Buck - l-a omorât pe Spitz, iar acum vrea să ia slujba!"
—¡Vete, Chook! —gritó, intentando ahuyentar a Buck.
„Plecați-vă, Chook!", a strigat el, încercând să-l alunge pe Buck.
Pero Buck se negó a moverse y se mantuvo firme en la nieve.
Dar Buck a refuzat să se miște și a rămas nemișcat în zăpadă.
François agarró a Buck por la nuca y lo arrastró a un lado.
François l-a apucat pe Buck de guler, trăgându-l deoparte.
Buck gruñó bajo y amenazante, pero no atacó.
Buck mârâi încet și amenințător, dar nu atacă.
François puso a Solleks de nuevo en cabeza, intentando resolver la disputa.
François l-a readus pe Solleks în frunte, încercând să aplaneze disputa.
El perro viejo mostró miedo de Buck y no quería quedarse.
Câinele bătrân a arătat frică de Buck și nu a vrut să rămână.

Cuando François le dio la espalda, Buck expulsó nuevamente a Solleks.
Când François i-a întors spatele, Buck l-a alungat din nou pe Solleks.
Solleks no se resistió y se hizo a un lado silenciosamente una vez más.
Solleks nu s-a opus și s-a dat din nou la o parte în liniște.
François se enojó y gritó: "¡Por Dios, te arreglo!"
François s-a înfuriat și a strigat: „Pe Dumnezeu, te vindec!"
Se acercó a Buck sosteniendo un pesado garrote en su mano.
A venit spre Buck ținând în mână o bâtă grea.
Buck recordaba bien al hombre del suéter rojo.
Buck își amintea bine de bărbatul în pulover roșu.
Se retiró lentamente, observando a François, pero gruñendo profundamente.
Se retrase încet, privindu-l pe François, dar mârâind adânc.
No se apresuró a regresar, incluso cuando Solleks ocupó su lugar.
Nu s-a grăbit să se întoarcă, nici măcar atunci când Solleks i-a luat locul.
Buck voló en círculos fuera de su alcance, gruñendo con furia y protesta.
Buck se învârtea în cerc, puțin mai departe de el, mârâind furios și protestând.
Mantuvo la vista fija en el palo, dispuesto a esquivarlo si François lanzaba.
Și-a ținut ochii ațintiți asupra măciucii, gata să se eschiveze dacă François ar fi aruncat.
Se había vuelto sabio y cauteloso en cuanto a las costumbres de los hombres con armas.
Devenise înțelept și precaut în felul în care se descurcă oamenii înarmați.
François se dio por vencido y llamó a Buck nuevamente a su antiguo lugar.
François a renunțat și l-a chemat din nou pe Buck la fosta lui locuință.

Pero Buck retrocedió con cautela, negándose a obedecer la orden.
Dar Buck făcu un pas înapoi cu precauție, refuzând să se supună ordinului.
François lo siguió, pero Buck sólo retrocedió unos pasos más.
François l-a urmat, dar Buck s-a retras doar câțiva pași.
Después de un tiempo, François arrojó el arma al suelo, frustrado.
După un timp, François a aruncat arma jos, frustrat.
Pensó que Buck tenía miedo de que le dieran una paliza y que iba a venir sin hacer mucho ruido.
El credea că Buck se temea de o bătaie și avea de gând să vină în liniște.
Pero Buck no estaba evitando el castigo: estaba luchando por su rango.
Dar Buck nu evita pedeapsa — el lupta pentru rang.
Se había ganado el puesto de perro líder mediante una pelea a muerte.
El își câștigase locul de câine principal printr-o luptă pe viață și pe moarte.
No iba a conformarse con nada menos que ser el líder.
nu avea de gând să se mulțumească cu nimic mai puțin decât să fie lider.

Perrault participó en la persecución para ayudar a atrapar al rebelde Buck.
Perrault a participat la urmărire pentru a-l prinde pe rebelul Buck.
Juntos lo hicieron correr alrededor del campamento durante casi una hora.
Împreună, l-au plimbat prin tabără timp de aproape o oră.
Le lanzaron garrotes, pero Buck los esquivó hábilmente.
Au aruncat cu bâte în el, dar Buck le-a evitat pe fiecare cu abilitate.
Lo maldijeron a él, a sus padres, a sus descendientes y a cada cabello que tenía.

L-au blestemat pe el, strămoșii lui, urmașii lui și fiecare fir de păr de pe el.
Pero Buck sólo gruñó y se quedó fuera de su alcance.
Dar Buck doar a mârâit înapoi și a rămas cât să nu le ajungă.
Nunca intentó huir, sino que rodeó el campamento deliberadamente.
Nu a încercat niciodată să fugă, ci a înconjurat tabăra în mod deliberat.
Dejó claro que obedecería una vez que le dieran lo que quería.
A spus clar că va asculta odată ce îi vor da ceea ce își dorește.
François finalmente se sentó y se rascó la cabeza con frustración.
În cele din urmă, François s-a așezat și s-a scărpinat în cap de frustrare.
Perrault miró su reloj, maldijo y murmuró algo sobre el tiempo perdido.
Perrault și-a verificat ceasul, a înjurat și a mormăit despre timpul pierdut.
Ya había pasado una hora cuando debían estar en el sendero.
Trecuse deja o oră când ar fi trebuit să fie pe potecă.
François se encogió de hombros tímidamente y miró al mensajero, quien suspiró derrotado.
François ridică din umeri timid spre curier, care oftă învins.
Entonces François se acercó a Solleks y llamó a Buck una vez más.
Apoi François s-a dus la Solleks și l-a strigat din nou pe Buck.
Buck se rió como se ríe un perro, pero mantuvo una distancia cautelosa.
Buck a râs ca un câine, dar și-a păstrat distanța precaută.
François le quitó el arnés a Solleks y lo devolvió a su lugar.
François i-a scos hamul lui Solleks și l-a pus înapoi la locul lui.
El equipo de trineo estaba completamente arneses y solo había un lugar libre.
Echipa de sanie stătea complet înhamată, cu un singur loc liber.

La posición de liderazgo quedó vacía, claramente destinada solo para Buck.
Poziția de frunte a rămas goală, evident destinată doar lui Buck.
François volvió a llamar, y nuevamente Buck rió y se mantuvo firme.
François a strigat din nou, iar Buck a râs din nou și și-a menținut poziția.
—Tira el garrote —ordenó Perrault sin dudarlo.
„Aruncă bâta jos", ordonă Perrault fără ezitare.
François obedeció y Buck inmediatamente trotó hacia adelante orgulloso.
François s-a supus, iar Buck a pornit imediat înainte cu mâna.
Se rió triunfante y asumió la posición de líder.
A râs triumfător și a pășit în poziția de frunte.
François aseguró sus correajes y el trineo se soltó.
François și-a asigurat cheile, iar sania a fost desprinsă.
Ambos hombres corrieron al lado del equipo mientras corrían hacia el sendero del río.
Amândoi bărbații au alergat alături de ei în timp ce echipa a alergat pe poteca de pe râu.
François tenía en alta estima a los "dos demonios" de Buck.
François îi prețuise mult pe „cei doi diavoli" ai lui Buck,
Pero pronto se dio cuenta de que en realidad había subestimado al perro.
dar și-a dat seama curând că, de fapt, subestimase câinele.
Buck asumió rápidamente el liderazgo y trabajó con excelencia.
Buck a preluat rapid conducerea și a performat cu excelență.
En juicio, pensamiento rápido y acción veloz, Buck superó a Spitz.
Buck l-a depășit pe Spitz în judecată, gândire rapidă și acțiune rapidă.
François nunca había visto un perro igual al que Buck mostraba ahora.
François nu mai văzuse niciodată un câine egal cu cel pe care îl arăta acum Buck.

Pero Buck realmente sobresalía en imponer el orden e imponer respeto.
Dar Buck a excelat cu adevărat în a impune ordinea și a impune respect.
Dave y Solleks aceptaron el cambio sin preocupación ni protesta.
Dave și Solleks au acceptat schimbarea fără griji sau proteste.
Se concentraron únicamente en el trabajo y en tirar con fuerza de las riendas.
S-au concentrat doar pe muncă și pe a trage tare de frâie.
A ellos les importaba poco quién iba delante, siempre y cuando el trineo siguiera moviéndose.
Puțin le păsa cine conducea, atâta timp cât sania continua să se miște.
Billee, la alegre, podría haber liderado todo lo que a ellos les importaba.
Billee, cel vesel, ar fi putut conduce, oricât le-ar fi păsat.
Lo que les importaba era la paz y el orden en las filas.
Ceea ce conta pentru ei era pacea și ordinea în rânduri.

El resto del equipo se había vuelto rebelde durante la decadencia de Spitz.
Restul echipei devenise rebel în timpul declinului lui Spitz.
Se sorprendieron cuando Buck inmediatamente los puso en orden.
Au fost șocați când Buck i-a adus imediat la ordine.
Pike siempre había sido perezoso y arrastraba los pies detrás de Buck.
Pike fusese întotdeauna leneș și își târâse picioarele în urma lui Buck.
Pero ahora el nuevo liderazgo lo ha disciplinado severamente.
Dar acum a fost aspru disciplinat de noua conducere.
Y rápidamente aprendió a aportar su granito de arena en el equipo.
Și a învățat repede să-și facă treaba în echipă.
Al final del día, Pike trabajó más duro que nunca.

Până la sfârșitul zilei, Pike a muncit mai mult ca niciodată.
Esa noche en el campamento, Joe, el perro amargado, finalmente fue sometido.
În noaptea aceea, în tabără, Joe, câinele acru, a fost în sfârșit imobilizat.
Spitz no logró disciplinarlo, pero Buck no falló.
Spitz nu reușise să-l disciplineze, dar Buck nu a eșuat.
Utilizando su mayor peso, Buck superó a Joe en segundos.
Folosindu-se de greutatea sa mai mare, Buck l-a copleșit pe Joe în câteva secunde.
Mordió y golpeó a Joe hasta que gimió y dejó de resistirse.
L-a mușcat și l-a bătut pe Joe până când acesta a gemut și a încetat să se mai opună.
Todo el equipo mejoró a partir de ese momento.
Întreaga echipă s-a îmbunătățit din acel moment.
Los perros recuperaron su antigua unidad y disciplina.
Câinii și-au recăpătat vechea unitate și disciplină.
En Rink Rapids, se unieron dos nuevos huskies nativos, Teek y Koona.
La Rink Rapids, s-au alăturat doi noi câini husky nativi, Teek și Koona.
El rápido entrenamiento que Buck les dio sorprendió incluso a François.
Rapiditatea cu care Buck i-a dresat l-a uimit chiar și pe François.
"¡Nunca hubo un perro como ese Buck!" gritó con asombro.
„N-a mai fost niciodată un câine ca Buck-ul ăsta!", a strigat el uimit.
¡No, jamás! ¡Vale mil dólares, por Dios!
„Nu, niciodată! Merită o mie de dolari, pe Dumnezeule!"
—¿Eh? ¿Qué dices, Perrault? —preguntó con orgullo.
„Eh? Ce zici, Perrault?", a întrebat el cu mândrie.
Perrault asintió en señal de acuerdo y revisó sus notas.
Perrault dădu din cap în semn de aprobare și își verifică notițele.
Ya vamos por delante del cronograma y ganamos más cada día.

Suntem deja înainte de termen și câștigăm mai mult în fiecare zi.
El sendero estaba duro y liso, sin nieve fresca.
Drumul era bătut și neted, fără zăpadă proaspătă.
El frío era constante, rondando los cincuenta grados bajo cero durante todo el tiempo.
Frigul era constant, oscilant sub cincizeci de grade pe tot parcursul zilei.
Los hombres cabalgaban y corrían por turnos para entrar en calor y ganar tiempo.
Bărbații călăreau și alergau pe rând ca să se încălzească și să facă timp.
Los perros corrían rápido, con pocas paradas y siempre avanzando.
Câinii alergau repede, cu puține opriri, mereu înaintând înainte.
El río Thirty Mile estaba casi congelado y era fácil cruzarlo.
Râul Thirty Mile era în mare parte înghețat și ușor de traversat.
Salieron en un día lo que habían tardado diez días en llegar.
Au ieșit într-o singură zi după ce ajunseseră în zece zile.
Hicieron una carrera de sesenta millas desde el lago Le Barge hasta White Horse.
Au parcurs o cursă de șasezeci de mile de la Lacul Le Barge până la Calul Alb.
A través de los lagos Marsh, Tagish y Bennett se movieron increíblemente rápido.
S-au mișcat incredibil de repede peste lacurile Marsh, Tagish și Bennett.
El hombre corriendo remolcado detrás del trineo por una cuerda.
Bărbatul alergător, remorcat în spatele saniei pe o frânghie.
En la última noche de la segunda semana llegaron a su destino.
În ultima noapte a celei de-a doua săptămâni, au ajuns la destinație.
Habían llegado juntos a la cima del Paso Blanco.

Ajunseseră împreună în vârful Trecătorii Albe.
Descendieron al nivel del mar con las luces de Skaguay debajo de ellos.
Au coborât la nivelul mării cu luminile lui Skaguay sub ei.
Había sido una carrera que estableció un récord a través de kilómetros de desierto frío.
Fusese o alergare record prin kilometri întregi de sălbăticie rece.
Durante catorce días seguidos, recorrieron un promedio de cuarenta millas.
Timp de paisprezece zile consecutive, au parcurs o medie de patruzeci de mile.
En Skaguay, Perrault y François transportaban mercancías por la ciudad.
În Skaguay, Perrault și François au mutat marfă prin oraș.
Fueron aplaudidos y la multitud admirada les ofreció muchas bebidas.
Au fost aclamați și li s-au oferit multe băuturi de către mulțimea admirată.
Los cazadores de perros y los trabajadores se reunieron alrededor del famoso equipo de perros.
Vânătorii de câini și muncitorii s-au adunat în jurul faimosului acompaniament canin.
Luego, los forajidos del oeste llegaron a la ciudad y sufrieron una derrota violenta.
Apoi, haiducii din vest au venit în oraș și au suferit o înfrângere violentă.
La gente pronto se olvidó del equipo y se centró en un nuevo drama.
Oamenii au uitat curând de echipă și s-au concentrat pe o nouă dramă.
Luego vinieron las nuevas órdenes que cambiaron todo de golpe.
Apoi au venit noile ordine care au schimbat totul dintr-o dată.
François llamó a Buck y lo abrazó con orgullo entre lágrimas.
François l-a chemat pe Buck la el și l-a îmbrățișat cu o mândrie plină de lacrimi.

Ese momento fue la última vez que Buck volvió a ver a François.
Acel moment a fost ultima dată când Buck l-a mai văzut pe François.
Como muchos hombres antes, tanto François como Perrault se habían ido.
Ca mulți alții înaintea lor, atât François, cât și Perrault dispăruseră.
Un mestizo escocés se hizo cargo de Buck y sus compañeros de equipo de perros de trineo.
Un metis scoțian a preluat controlul asupra lui Buck și a coechipierilor săi trași de câini de sanie.
Con una docena de otros equipos de perros, regresaron por el sendero hasta Dawson.
Împreună cu alte douăsprezece atelaje de câini, s-au întors pe potecă spre Dawson.
Ya no era una carrera rápida, solo un trabajo duro con una carga pesada cada día.
Nu mai era o alergare rapidă acum – ci doar o trudă grea cu o povară grea în fiecare zi.
Éste era el tren correo que llevaba noticias a los buscadores de oro cerca del Polo.
Acesta era trenul poștal, care ducea vești căutătorilor de aur de lângă Pol.
A Buck no le gustaba el trabajo, pero lo soportaba bien y se enorgullecía de su esfuerzo.
Lui Buck nu i-a plăcut munca, dar a suportat-o bine, fiind mândru de efortul său.
Al igual que Dave y Solleks, Buck mostró devoción por cada tarea diaria.
La fel ca Dave și Solleks, Buck a dat dovadă de devotament față de fiecare sarcină zilnică.
Se aseguró de que cada uno de sus compañeros hiciera su parte.
S-a asigurat că fiecare coechipierilor săi și-a dat cu ce putea.
La vida en el sendero se volvió aburrida, repetida con la precisión de una máquina.

Viața pe potecă a devenit plictisitoare, repetată cu precizia unei mașini.
Cada día parecía igual, una mañana se fundía con la siguiente.
Fiecare zi părea la fel, o dimineață contopindu-se cu următoarea.
A la misma hora, los cocineros se levantaron para hacer fogatas y preparar la comida.
La aceeași oră, bucătarii s-au ridicat să aprindă focuri și să pregătească mâncarea.
Después del desayuno, algunos abandonaron el campamento mientras otros enjaezaron los perros.
După micul dejun, unii au părăsit tabăra, în timp ce alții au înhamat câinii.
Se pusieron en marcha antes de que la tenue señal del amanecer tocara el cielo.
Au pornit pe potecă înainte ca avertismentul vag al zorilor să atingă cerul.
Por la noche se detenían para acampar, cada hombre con una tarea determinada.
Noaptea, se opreau să-și facă tabăra, fiecare om având o îndatorire stabilită.
Algunos montaron tiendas de campaña, otros cortaron leña y recogieron ramas de pino.
Unii și-au ridicat corturile, alții au tăiat lemne de foc și au adunat crengi de pin.
Se llevaba agua o hielo a los cocineros para la cena.
Apa sau gheața erau aduse înapoi bucătarilor pentru masa de seară.
Los perros fueron alimentados y esta fue la mejor parte del día para ellos.
Câinii au fost hrăniți, iar aceasta a fost cea mai bună parte a zilei pentru ei.
Después de comer pescado, los perros se relajaron y descansaron cerca del fuego.
După ce au mâncat pește, câinii s-au relaxat și s-au lenevit lângă foc.

Había otros cien perros en el convoy con los que mezclarse.
În convoi mai erau o sută de câini cu care să se amestece.
Muchos de esos perros eran feroces y rápidos para pelear sin previo aviso.
Mulți dintre acei câini erau feroși și se luptau repede fără avertisment.
Pero después de tres victorias, Buck dominó incluso a los luchadores más feroces.
Dar după trei victorii, Buck i-a stăpânit chiar și pe cei mai aprigi luptători.
Cuando Buck gruñó y mostró los dientes, se hicieron a un lado.
Acum, când Buck a mârâit și și-a arătat dinții, s-au dat la o parte.
Quizás lo mejor de todo es que a Buck le encantaba tumbarse cerca de la fogata parpadeante.
Poate cel mai important dintre toate, lui Buck îi plăcea să stea întins lângă focul de tabără pâlpâitor.
Se agachó con las patas traseras dobladas y las patas delanteras estiradas hacia adelante.
Stătea ghemuit cu picioarele din spate strânse și cele din față întinse înainte.
Levantó la cabeza mientras parpadeaba suavemente ante las llamas brillantes.
Avea capul ridicat în timp ce clipea ușor la flăcările strălucitoare.
A veces recordaba la gran casa del juez Miller en Santa Clara.
Uneori își amintea de casa mare a judecătorului Miller din Santa Clara.
Pensó en la piscina de cemento, en Ysabel y en el pug llamado Toots.
S-a gândit la piscina de ciment, la Ysabel și la mopsul pe nume Toots.
Pero más a menudo recordaba el garrote del hombre del suéter rojo.
Dar își amintea mai des de bâta bărbatului cu pulover roșu.

Recordó la muerte de Curly y su feroz batalla con Spitz.
Și-a amintit de moartea lui Creț și de lupta lui aprigă cu Spitz.
También recordó la buena comida que había comido o con la que aún soñaba.
Și-a amintit și de mâncarea bună pe care o mâncase sau la care încă visase.
Buck no sentía nostalgia: el cálido valle era distante e irreal.
Buck nu-i era dor de casă — valea caldă era îndepărtată și ireală.
Los recuerdos de California ya no ejercían ninguna atracción sobre él.
Amintirile din California nu mai aveau nicio influență reală asupra lui.
Más fuertes que la memoria eran los instintos profundos en su linaje.
Mai puternice decât memoria erau instinctele adânc în neamul său genealogic.
Los hábitos que una vez se habían perdido habían regresado, revividos por el camino y la naturaleza.
Obiceiuri odinioară pierdute se întorseseră, reînviate de potecă și de sălbăticie.
Mientras Buck observaba la luz del fuego, a veces se convertía en otra cosa.
În timp ce Buck privea lumina focului, uneori aceasta se transforma în altceva.
Vio a la luz del fuego otro fuego, más antiguo y más profundo que el actual.
A văzut în lumina focului un alt foc, mai vechi și mai adânc decât cel actual.
Junto a ese otro fuego se agazapaba un hombre que no se parecía en nada al cocinero mestizo.
Lângă celălalt foc zăcea ghemuit un bărbat, diferit de bucătarul metis.
Esta figura tenía piernas cortas, brazos largos y músculos duros y anudados.
Această figură avea picioare scurte, brațe lungi și mușchi tari și încordați.

Su cabello era largo y enmarañado, y caía hacia atrás desde los ojos.
Părul lui era lung și încâlcit, căzându-i pe spate de la ochi.
Hizo ruidos extraños y miró con miedo hacia la oscuridad.
Scotea sunete ciudate și privea cu frică la întuneric.
Sostenía agachado un garrote de piedra, firmemente agarrado con su mano larga y áspera.
Ținea jos o bâtă de piatră, strânsă strâns în mâna sa lungă și aspră.
El hombre vestía poco: sólo una piel carbonizada que le colgaba por la espalda.
Bărbatul purta puține haine; doar o piele carbonizată care îi atârna pe spate.
Su cuerpo estaba cubierto de espeso vello en los brazos, el pecho y los muslos.
Corpul său era acoperit de păr des pe brațe, piept și coapse.
Algunas partes del cabello estaban enredadas en parches de pelaje áspero.
Unele părți ale părului erau încâlcite în petice de blană aspră.
No se mantenía erguido, sino inclinado hacia delante desde las caderas hasta las rodillas.
Nu stătea drept, ci se apleca înainte de la șolduri până la genunchi.
Sus pasos eran elásticos y felinos, como si estuviera siempre dispuesto a saltar.
Pașii lui erau elastici și pisici, ca și cum ar fi fost mereu gata să sară.
Había un estado de alerta agudo, como si viviera con miedo constante.
Exista o alertă ascuțită, ca și cum ar fi trăit în frică constantă.
Este hombre anciano parecía esperar el peligro, ya sea que lo viera o no.
Acest om bătrân părea să se aștepte la pericol, indiferent dacă pericolul era văzut sau nu.
A veces, el hombre peludo dormía junto al fuego, con la cabeza metida entre las piernas.

Uneori, bărbatul păros dormea lângă foc, cu capul între picioare.
Sus codos descansaban sobre sus rodillas, sus manos entrelazadas sobre su cabeza.
Cu coatele sprijinite pe genunchi, cu mâinile împreunate deasupra capului.
Como un perro, usó sus brazos peludos para protegerse de la lluvia que caía.
Ca un câine, își folosea brațele păroase ca să se apere de ploaia care cădea.
Más allá de la luz del fuego, Buck vio dos brasas brillando en la oscuridad.
Dincolo de lumina focului, Buck văzu doi cărbuni strălucind în întuneric.
Siempre de dos en dos, eran los ojos de las bestias rapaces al acecho.
Mereu doi câte doi, erau ochii unor animale de pradă care pândeau.
Escuchó cuerpos chocando contra la maleza y ruidos en la noche.
A auzit corpuri zdrobindu-se prin tufișuri și sunete scoase în noapte.
Acostado en la orilla del Yukón, parpadeando, Buck soñaba junto al fuego.
Întins pe malul Yukonului, clipind din ochi, Buck visa lângă foc.
Las vistas y los sonidos de ese mundo salvaje le ponían los pelos de punta.
Priveliștile și sunetele acelei lumi sălbatice i-au făcut părul să se ridice.
El pelaje se le subió por la espalda, los hombros y el cuello.
Blana i s-a ridicat de-a lungul spatelui, al umerilor și pe gât.
Él gimió suavemente o emitió un gruñido bajo y profundo en su pecho.
A scâncit încet sau a mârâit înăbușit adânc în piept.
Entonces el cocinero mestizo gritó: "¡Oye, Buck, despierta!"
Apoi, bucătarul metis a strigat: „Hei, Buck, trezește-te!"

El mundo de los sueños desapareció y la vida real regresó a los ojos de Buck.
Lumea viselor a dispărut, iar viața reală s-a întors în ochii lui Buck.
Iba a levantarse, estirarse y bostezar, como si acabara de despertar de una siesta.
Avea să se ridice, să se întindă și să căsce, ca și cum s-ar fi trezit dintr-un pui de somn.
El viaje fue duro, con el trineo del correo arrastrándose detrás de ellos.
Călătoria a fost grea, cu sania poștală târându-se în urma lor.
Las cargas pesadas y el trabajo duro agotaban a los perros cada largo día.
Poverile grele și munca grea îi epuizau pe câini în fiecare zi lungă.
Llegaron a Dawson delgados, cansados y necesitando más de una semana de descanso.
Au ajuns la Dawson slăbiți, obosiți și având nevoie de peste o săptămână de odihnă.
Pero sólo dos días después, emprendieron nuevamente el descenso por el Yukón.
Dar doar două zile mai târziu, au pornit din nou pe Yukon.
Estaban cargados con más cartas destinadas al mundo exterior.
Erau încărcate cu mai multe scrisori destinate lumii exterioare.
Los perros estaban exhaustos y los hombres se quejaban constantemente.
Câinii erau epuizați, iar bărbații se plângeau încontinuu.
La nieve caía todos los días, suavizando el camino y ralentizando los trineos.
Ninsoarea cădea în fiecare zi, înmuind poteca și încetinind săniile.
Esto provocó que el tirón fuera más difícil y hubo más resistencia para los corredores.
Acest lucru a dus la o tracțiune mai puternică și la o rezistență mai mare asupra patinelor.

A pesar de eso, los pilotos fueron justos y se preocuparon por sus equipos.
În ciuda acestui fapt, piloții au fost corecți și au avut grijă de echipele lor.
Cada noche, los perros eran alimentados antes de que los hombres pudieran comer.
În fiecare seară, câinii erau hrăniți înainte ca bărbații să apuce să mănânce.
Ningún hombre duerme sin antes revisar las patas de su propio perro.
Niciun bărbat nu a dormit înainte de a-și verifica picioarele propriului câine.
Aún así, los perros se fueron debilitando a medida que los kilómetros iban desgastando sus cuerpos.
Totuși, câinii au slăbit pe măsură ce kilometrii le măturau corpurile.
Habían viajado mil ochocientas millas durante el invierno.
Călătoriseră opt sute opt sute de mile pe parcursul iernii.
Tiraron de trineos a lo largo de cada milla de esa brutal distancia.
Au tras sănii peste fiecare milă din acea distanță brutală.
Incluso los perros de trineo más resistentes sienten tensión después de tantos kilómetros.
Chiar și cei mai rezistenți câini de sanie simt efort după atâția kilometri.
Buck aguantó, mantuvo a su equipo trabajando y mantuvo la disciplina.
Buck a rezistat, și-a menținut echipa în mișcare și a menținut disciplina.
Pero Buck estaba cansado, al igual que los demás en el largo viaje.
Dar Buck era obosit, la fel ca ceilalți din lunga călătorie.
Billee gemía y lloraba mientras dormía todas las noches sin falta.
Billee scâncea și plângea în somn în fiecare noapte, fără greș.
Joe se volvió aún más amargado y Solleks se mantuvo frío y distante.

Joe a devenit și mai amărât, iar Solleks a rămas rece și distant.
Pero fue Dave quien sufrió más de todo el equipo.
Dar Dave a fost cel care a avut cel mai mult de suferit din întreaga echipă.
Algo había ido mal dentro de él, aunque nadie sabía qué.
Ceva nu mergea bine în interiorul lui, deși nimeni nu știa ce.
Se volvió más malhumorado y les gritaba a los demás con creciente enojo.
Deveni mai morocănos și se izbea de ceilalți cu o furie crescândă.
Cada noche iba directo a su nido, esperando ser alimentado.
În fiecare noapte se ducea direct la cuibul său, așteptând să fie hrănit.
Una vez que cayó, Dave no se levantó hasta la mañana.
Odată ce a fost jos, Dave nu s-a mai ridicat până dimineața.
En las riendas, tirones o arranques repentinos le hacían gritar de dolor.
Pe frâie, smucituri sau tresăriri bruște îl făceau să țipe de durere.
Su conductor buscó la causa, pero no encontró heridos.
Șoferul său a căutat cauza accidentului, dar nu a găsit nicio rană asupra lui.
Todos los conductores comenzaron a observar a Dave y discutieron su caso.
Toți șoferii au început să-l privească pe Dave și au discutat cazul lui.
Hablaron durante las comidas y durante el último cigarrillo del día.
Vorbeau la mese și în timpul ultimei lor țigări din ziua respectivă.
Una noche tuvieron una reunión y llevaron a Dave al fuego.
Într-o seară au ținut o întâlnire și l-au adus pe Dave la foc.
Le apretaron y le palparon el cuerpo, y él gritaba a menudo.
I-au apăsat și i-au tatonat corpul, iar el țipa des.
Estaba claro que algo iba mal, aunque no parecía haber ningún hueso roto.
Evident, ceva nu era în regulă, deși niciun os nu părea rupt.

Cuando llegaron a Cassiar Bar, Dave se estaba cayendo.
Până au ajuns la Cassiar Bar, Dave deja cădea.
El mestizo escocés pidió un alto y eliminó a Dave del equipo.
Metișul scoțian a oprit echipa și l-a scos pe Dave din echipă.
Sujetó a Solleks en el lugar de Dave, más cerca del frente del trineo.
A fixat Solleks în locul lui Dave, cel mai aproape de partea din față a saniei.
Su intención era dejar que Dave descansara y corriera libremente detrás del trineo en movimiento.
Intenționa să-l lase pe Dave să se odihnească și să alerge liber în spatele saniei în mișcare.
Pero incluso estando enfermo, Dave odiaba que lo sacaran del trabajo que había tenido.
Dar chiar și bolnav, Dave ura să fie luat de la slujba pe care o deținuse.
Gruñó y gimió cuando le quitaron las riendas del cuerpo.
A mârâit și a gemut când hățurile i-au fost trase de pe corp.
Cuando vio a Solleks en su lugar, lloró con el corazón roto.
Când l-a văzut pe Solleks în locul lui, a plâns de durere.
El orgullo por el trabajo en los senderos estaba profundamente arraigado en Dave, incluso cuando se acercaba a la muerte.
Mândria muncii pe traseu era adânc în Dave, chiar și atunci când moartea se apropia.
Mientras el trineo se movía, Dave se tambaleaba sobre la nieve blanda cerca del sendero.
Pe măsură ce sania se mișca, Dave se împleticea prin zăpada moale de lângă potecă.
Atacó a Solleks, mordiéndolo y empujándolo desde el costado del trineo.
L-a atacat pe Solleks, mușcându-l și împingându-l de pe marginea saniei.
Dave intentó saltar al arnés y recuperar su lugar de trabajo.
Dave a încercat să sară în hamul și să-și recupereze locul de lucru.

Gritó, se quejó y lloró, dividido entre el dolor y el orgullo por el trabajo.
A țipat, a văitat și a plâns, sfâșiat între durere și mândria travaliului.
El mestizo usó su látigo para intentar alejar a Dave del equipo.
Metișul și-a folosit biciul ca să încerce să-l alunge pe Dave din echipă.
Pero Dave ignoró el látigo y el hombre no pudo golpearlo más fuerte.
Dar Dave a ignorat lovitura de bici, iar bărbatul nu l-a putut lovi mai tare.
Dave rechazó el camino más fácil detrás del trineo, donde la nieve estaba acumulada.
Dave a refuzat calea mai ușoară din spatele saniei, unde zăpada era bătătă.
En cambio, luchaba en la nieve profunda junto al sendero, en la miseria.
În schimb, s-a zbătut în zăpada groasă de lângă potecă, în suferință.
Finalmente, Dave se desplomó, quedó tendido en la nieve y aullando de dolor.
În cele din urmă, Dave s-a prăbușit, zăcând în zăpadă și urlând de durere.
Gritó cuando el largo tren de trineos pasó a su lado uno por uno.
A strigat când lungul șir de sănii a trecut pe lângă el, una câte una.
Aún con las fuerzas que le quedaban, se levantó y tropezó tras ellos.
Totuși, cu puterea care îi mai rămăsese, se ridică și porni împleticindu-se după ei.
Lo alcanzó cuando el tren se detuvo nuevamente y encontró su viejo trineo.
L-a ajuns din urmă când trenul s-a oprit din nou și și-a găsit vechea sanie.

Pasó junto a los otros equipos y se quedó de nuevo al lado de Solleks.
A trecut cu greu pe lângă celelalte echipe și s-a oprit din nou lângă Solleks.
Cuando el conductor se detuvo para encender su pipa, Dave aprovechó su última oportunidad.
În timp ce șoferul se opri să-și aprindă pipa, Dave și-a profitat de ultima șansă.
Cuando el conductor regresó y gritó, el equipo no avanzó.
Când șoferul s-a întors și a strigat, echipa nu a mai pornit.
Los perros habían girado la cabeza, confundidos por la parada repentina.
Câinii își întorseseră capetele, nedumeriți de oprirea bruscă.
El conductor también estaba sorprendido: el trineo no se había movido ni un centímetro hacia adelante.
Șoferul a fost și el șocat — sania nu se mișcase niciun centimetru înainte.
Llamó a los demás para que vinieran a ver qué había sucedido.
I-a chemat pe ceilalți să vină să vadă ce s-a întâmplat.
Dave había mordido las riendas de Solleks, rompiéndolas ambas.
Dave rossese hățurile lui Solleks, rupându-le amândouă.
Ahora estaba de pie frente al trineo, nuevamente en su posición correcta.
Acum stătea în fața saniei, înapoi în poziția sa cuvenită.
Dave miró al conductor y le rogó en silencio que se mantuviera en el carril.
Dave s-a uitat la șofer, implorându-l în tăcere să rămână pe șine.
El conductor estaba desconcertado, sin saber qué hacer con el perro que luchaba.
Șoferul era nedumerit, neștiind ce să facă pentru câinele care se zbătea.
Los otros hombres hablaron de perros que habían muerto al ser sacados a la calle.

Ceilalți bărbați au vorbit despre câini care muriseră după ce fuseseră scoși afară.
Contaron sobre perros viejos o heridos cuyo corazón se rompió al ser abandonados.
Au povestit despre câini bătrâni sau răniți ale căror inimi li s-au frânt când au fost lăsați acasă.
Estuvieron de acuerdo en que era una misericordia dejar que Dave muriera mientras aún estaba en su arnés.
Au fost de acord că a fost o faptă milostivă să-l lase pe Dave să moară cât timp era încă în hamul său.
Lo volvieron a sujetar al trineo y Dave tiró con orgullo.
Fusese legat la loc de sanie, iar Dave trăgea cu mândrie.
Aunque a veces gritaba, trabajaba como si el dolor pudiera ignorarse.
Deși uneori țipa, lucra ca și cum durerea putea fi ignorată.
Más de una vez se cayó y fue arrastrado antes de levantarse de nuevo.
De mai multe ori a căzut și a fost târât înainte de a se ridica din nou.
Un día, el trineo pasó por encima de él y desde ese momento empezó a cojear.
Odată, sania s-a rostogolit peste el, iar din acel moment a șchiopătat.
Aún así, trabajó hasta llegar al campamento y luego se acostó junto al fuego.
Totuși, a lucrat până a ajuns în tabără, apoi a rămas întins lângă foc.
Por la mañana, Dave estaba demasiado débil para viajar o incluso mantenerse en pie.
Spre dimineață, Dave era prea slăbit ca să călătorească sau măcar să stea în picioare.
En el momento de preparar el arnés, intentó alcanzar a su conductor con un esfuerzo tembloroso.
La ora de a-și lega hamurile, a încercat să ajungă la șoferul său cu un efort tremurând.
Se obligó a levantarse, se tambaleó y se desplomó sobre el suelo nevado.

S-a ridicat cu forța, s-a clătinat și s-a prăbușit pe pământul înzăpezit.
Utilizando sus patas delanteras, arrastró su cuerpo hacia el área del arnés.
Folosindu-și picioarele din față, și-a târât corpul spre zona de ham.
Avanzó poco a poco, centímetro a centímetro, hacia los perros de trabajo.
S-a îngrămădit înainte, centimetru cu centimetru, spre câinii de muncă.
Sus fuerzas se acabaron, pero siguió avanzando en su último y desesperado esfuerzo.
Puterile i-au cedat, dar a continuat să meargă în ultima sa împingere disperată.
Sus compañeros de equipo lo vieron jadeando en la nieve, todavía deseando unirse a ellos.
Coechipierii lui l-au văzut gâfâind în zăpadă, încă dorind să li se alăture.
Lo oyeron aullar de dolor mientras dejaban atrás el campamento.
L-au auzit urlând de tristețe în timp ce părăseau tabăra.
Cuando el equipo desapareció entre los árboles, el grito de Dave resonó detrás de ellos.
În timp ce echipa dispărea printre copaci, strigătul lui Dave a răsunat în spatele lor.
El tren de trineos se detuvo brevemente después de cruzar un tramo de bosque junto al río.
Trenul de sanie s-a oprit scurt după ce a traversat o fâșie de pădure de râu.
El mestizo escocés caminó lentamente de regreso hacia el campamento que estaba detrás.
Metișul scoțian se îndrepta încet spre tabăra din spate.
Los hombres dejaron de hablar cuando lo vieron salir del tren de trineos.
Bărbații au încetat să vorbească când l-au văzut coborând din trenul de sanie.
Entonces un único disparo se oyó claro y nítido en el camino.

Apoi, o singură împușcătură a răsunat clar și ascuțit pe potecă.
El hombre regresó rápidamente y ocupó su lugar sin decir palabra.
Bărbatul s-a întors repede și și-a ocupat locul fără un cuvânt.
Los látigos crujieron, las campanas tintinearon y los trineos rodaron por la nieve.
Biciurile pocneau, clopoțeii zăngăneau, iar săniile se rostogoleau mai departe prin zăpadă.
Pero Buck sabía lo que había sucedido... y todos los demás perros también.
Dar Buck știa ce se întâmplase – și la fel știau toți ceilalți câini.

El trabajo de las riendas y el sendero
Truna hățurilor și a potecii

Treinta días después de salir de Dawson, el Salt Water Mail llegó a Skaguay.
La treizeci de zile după ce a plecat din Dawson, Salt Water Mail a ajuns în Skaguay.
Buck y sus compañeros tomaron la delantera, llegando en lamentables condiciones.
Buck și coechipierii săi au preluat conducerea, sosind într-o stare jalnică.
Buck había bajado de ciento cuarenta a ciento quince libras.
Buck slăbise de la o sută patruzeci la o sută cincisprezece kilograme.
Los otros perros, aunque más pequeños, habían perdido aún más peso corporal.
Ceilalți câini, deși mai mici, slăbiseră și mai mult în greutate.
Pike, que antes fingía cojear, ahora arrastraba tras él una pierna realmente herida.
Pike, cândva un șchiopătător fals, trăgea acum după el un picior cu adevărat rănit.
Solleks cojeaba mucho y Dub tenía un omóplato torcido.
Solleks șchiopăta rău, iar Dub avea omoplatul rupt.
Todos los perros del equipo tenían las patas doloridas por las semanas que pasaron en el sendero helado.
Fiecare câine din echipă avea dureri de picioare după săptămânile petrecute pe poteca înghețată.
Ya no tenían resorte en sus pasos, sólo un movimiento lento y arrastrado.
Nu mai aveau niciun fel de elasticitate în pașii lor, doar o mișcare lentă, târâtă.
Sus pies golpeaban el sendero con fuerza y cada paso añadía más tensión a sus cuerpos.
Picioarele lor ating calea puternic, fiecare pas adăugând și mai multă presiune asupra corpurilor lor.
No estaban enfermos, sólo agotados más allá de toda recuperación natural.

Nu erau bolnavi, ci doar epuizați până la capătul oricărei vindecări naturale.
No era el cansancio de un día duro que se curaba con una noche de descanso.
Aceasta nu era oboseală după o zi grea, vindecată cu o noapte de odihnă.
Fue un agotamiento acumulado lentamente a lo largo de meses de esfuerzo agotador.
Era o epuizare acumulată încetul cu încetul, de-a lungul lunilor de eforturi extenuante.
No quedaban reservas de fuerza: habían agotado todas las que tenían.
Nu mai rămăseseră nicio rezervă de forțe — își consumaseră tot ce le mai rămăsese.
Cada músculo, fibra y célula de sus cuerpos estaba gastado y desgastado.
Fiecare mușchi, fibră și celulă din corpurile lor era epuizată și uzată.
Y había una razón: habían recorrido dos mil quinientas millas.
Și exista un motiv – parcurseseră două mii cinci sute de mile.
Habían descansado sólo cinco días durante las últimas mil ochocientas millas.
Se odihniseră doar cinci zile în ultimele opt sute de mile.
Cuando llegaron a Skaguay, parecían apenas capaces de mantenerse en pie.
Când au ajuns la Skaguay, păreau că abia se mai pot ține în picioare.
Se esforzaron por mantener las riendas tensas y permanecer delante del trineo.
Se chinuiau să țină hățurile strânse și să rămână în fața saniei.
En las bajadas sólo lograron evitar ser atropellados.
Pe pantele de coborâre, au reușit doar să evite să fie călcați.
"Sigan adelante, pobres pies doloridos", dijo el conductor mientras cojeaban.
„Mărșăluiți mai departe, bietele picioare dureroase", a spus șoferul în timp ce șchiopătau.

"Este es el último tramo, luego todos tendremos un largo descanso, seguro".
„Aceasta e ultima porțiune, apoi cu siguranță ne vom odihni cu toții mult."
"Un descanso verdaderamente largo", prometió mientras los observaba tambalearse hacia adelante.
„O odihnă cu adevărat lungă", promise el, privindu-i cum se clătină înainte.
Los conductores esperaban que ahora tuvieran un descanso largo y necesario.
Șoferii se așteptau să aibă acum o pauză lungă și binemeritată.
Habían recorrido mil doscientas millas con sólo dos días de descanso.
Parcurseseră două sute două sute de mile, cu doar două zile de odihnă.
Por justicia y razón, sintieron que se habían ganado tiempo para relajarse.
Prin corectitudine și rațiune, au simțit că își câștigaseră timp să se relaxeze.
Pero eran demasiados los que habían llegado al Klondike y muy pocos los que se habían quedado en casa.
Dar prea mulți veniseră în Klondike și prea puțini rămăseseră acasă.
Las cartas de las familias llegaron en masa, creando montañas de correo retrasado.
Scrisorile de la familii au sosit în valuri, creând grămezi de corespondență întârziate.
Llegaron órdenes oficiales: nuevos perros de la Bahía de Hudson tomarían el control.
Au sosit ordinele oficiale — noi câini din Hudson Bay urmau să preia controlul.
Los perros exhaustos, ahora llamados inútiles, debían ser eliminados.
Câinii epuizați, numiți acum fără valoare, urmau să fie eliminați.
Como el dinero importaba más que los perros, los iban a vender a bajo precio.

Întrucât banii contau mai mult decât câinii, urmau să fie vânduți ieftin.

Pasaron tres días más antes de que los perros sintieran lo débiles que estaban.

Au mai trecut trei zile până când câinii au simțit cât de slăbiți erau.

En la cuarta mañana, dos hombres de Estados Unidos compraron todo el equipo.

În a patra dimineață, doi bărbați din State au cumpărat întreaga echipă.

La venta incluía todos los perros, además de sus arneses usados.

Vânzarea a inclus toți câinii, plus hamurile lor uzate.

Los hombres se llamaban entre sí "Hal" y "Charles" mientras completaban el trato.

Bărbații și-au spus reciproc „Hal" și „Charles" în timp ce finalizau tranzacția.

Charles era un hombre de mediana edad, pálido, con labios flácidos y puntas de bigote feroces.

Charles era de vârstă mijlocie, palid, cu buze flasce și vârfuri de mustață aprige.

Hal era un hombre joven, de unos diecinueve años, que llevaba un cinturón lleno de cartuchos.

Hal era un tânăr, poate de nouăsprezece ani, purtând o centură umplută cu cartușe.

El cinturón contenía un gran revólver y un cuchillo de caza, ambos sin usar.

Centura conținea un revolver mare și un cuțit de vânătoare, ambele nefolosite.

Esto demostró lo inexperto e inadecuado que era para la vida en el norte.

A arătat cât de lipsit de experiență și nepotrivit era pentru viața din nord.

Ninguno de los dos pertenecía a la naturaleza; su presencia desafiaba toda razón.

Niciunul dintre ei nu avea locul în sălbăticie; prezența lor sfida orice rațiune.

Buck observó cómo el dinero intercambiaba manos entre el comprador y el agente.
Buck a privit cum banii se schimbau între cumpărător și agent.
Sabía que los conductores de trenes correos abandonaban su vida como el resto.
Știa că mecanicii de locomotivă îi părăseau viața la fel ca toți ceilalți.
Siguieron a Perrault y a François, ahora desaparecidos sin posibilidad de recuperación.
I-au urmat pe Perrault și François, acum dispăruți și fără nicio amintire.
Buck y el equipo fueron conducidos al descuidado campamento de sus nuevos dueños.
Buck și echipa au fost conduși în tabăra neglijentă a noilor lor proprietari.
La tienda se hundía, los platos estaban sucios y todo estaba desordenado.
Cortul era lăsat, vasele erau murdare și totul zăcea în dezordine.
Buck también notó que había una mujer allí: Mercedes, la esposa de Charles y hermana de Hal.
Buck a observat și o femeie acolo — Mercedes, soția lui Charles și sora lui Hal.
Formaban una familia completa, aunque no eran aptos para el recorrido.
Alcătuiau o familie completă, deși departe de a fi potriviți pentru traseu.
Buck observó nervioso cómo el trío comenzó a empacar los suministros.
Buck i-a privit nervos pe cei trei cum începeau să împacheteze proviziile.
Trabajaron duro, pero sin orden: sólo alboroto y esfuerzos desperdiciados.
Au muncit din greu, dar fără ordine – doar agitație și efort irosit.
La tienda estaba enrollada hasta formar un volumen demasiado grande para el trineo.

Cortul a fost rulat într-o formă voluminoasă, mult prea mare pentru sanie.
Los platos sucios se empaquetaron sin limpiarlos ni secarlos.
Vasele murdare erau împachetate fără a fi spălate sau uscate deloc.
Mercedes revoloteaba por todos lados, hablando, corrigiendo y entrometiéndose constantemente.
Mercedes se foia de colo-colo, vorbind, corectând și amestecându-se întruna.
Cuando le ponían un saco en el frente, ella insistía en que lo pusieran en la parte de atrás.
Când i-a fost pus un sac în față, ea a insistat să fie pus în spate.
Metió la bolsa en el fondo y al siguiente momento la necesitó.
A împachetat sacul jos și în clipa următoare a avut nevoie de el.
De esta manera, el trineo fue desempaquetado nuevamente para alcanzar la bolsa específica.
Așa că sania a fost despachetată din nou pentru a ajunge la geanta specifică.
Cerca de allí, tres hombres estaban parados afuera de una tienda de campaña, observando cómo se desarrollaba la escena.
În apropiere, trei bărbați stăteau în fața unui cort, privind desfășurarea scenei.
Sonrieron, guiñaron el ojo y sonrieron ante la evidente confusión de los recién llegados.
Au zâmbit, au făcut cu ochiul și au rânjit la vederea nedumeririi evidente a nou-veniților.
"Ya tienes una carga bastante pesada", dijo uno de los hombres.
„Ai deja o încărcătură foarte grea", a spus unul dintre bărbați.
"No creo que debas llevar esa tienda de campaña, pero es tu elección".
„Nu cred că ar trebui să cari cortul acela, dar e alegerea ta."
"¡Inimaginable!", exclamó Mercedes levantando las manos con desesperación.

„Niciodată!", a strigat Mercedes, ridicând mâinile în semn de disperare.
"¿Cómo podría viajar sin una tienda de campaña donde refugiarme?"
„Cum aș putea călători fără un cort sub care să stau?"
"Es primavera, ya no volverás a ver el frío", respondió el hombre.
„E primăvară — nu veți mai vedea vreme rece", a răspuns bărbatul.
Pero ella meneó la cabeza y ellos siguieron apilando objetos en el trineo.
Dar ea clătină din cap, iar ei continuau să îngrămădească obiecte pe sanie.
La carga se elevó peligrosamente a medida que añadían los últimos elementos.
Încărcătura se înălța periculos de sus în timp ce adăugau ultimele lucruri.
"¿Crees que el trineo se deslizará?" preguntó uno de los hombres con mirada escéptica.
„Crezi că sania va merge?" a întrebat unul dintre bărbați cu o privire sceptică.
"¿Por qué no debería?", replicó Charles con gran fastidio.
„De ce n-ar trebui?", a replicat Charles tăios, cu o iritare ascuțită.
—Está bien —dijo rápidamente el hombre, alejándose un poco de la ofensa.
„O, e-n regulă", spuse bărbatul repede, dându-se înapoi pentru a nu se simți ofensat.
"Solo me preguntaba, me pareció que tenía la parte superior demasiado pesada".
„Mă întrebam doar — mie mi s-a părut pur și simplu puțin prea greu în partea de sus."
Charles se dio la vuelta y ató la carga lo mejor que pudo.
Charles s-a întors și a legat încărcătura cât de bine a putut.
Pero las ataduras estaban sueltas y el embalaje en general estaba mal hecho.

Dar legăturile erau slăbite, iar ambalajul era prost făcut per total.

"Claro, los perros tirarán de eso todo el día", dijo otro hombre con sarcasmo.

„Sigur, câinii vor trage de asta toată ziua", a spus sarcastic un alt bărbat.

—Por supuesto —respondió Hal con frialdad, agarrando el largo palo del trineo.

— Desigur, răspunse Hal rece, apucând bara lungă de ancorare a saniei.

Con una mano en el poste, blandía el látigo con la otra.

Cu o mână pe prăjină, lovea biciul în cealaltă.

"¡Vamos!", gritó. "¡Muévanse!", instando a los perros a empezar.

„Hai să mergem!", a strigat el. „Mișcați-o!", îndemnându-i pe câini să pornească.

Los perros se inclinaron hacia el arnés y se tensaron durante unos instantes.

Câinii s-au aplecat în ham și s-au încordat câteva clipe.

Entonces se detuvieron, incapaces de mover ni un centímetro el trineo sobrecargado.

Apoi s-au oprit, incapabili să miște sania supraîncărcată nici măcar un centimetru.

—¡Esos brutos perezosos! —gritó Hal, levantando el látigo para golpearlos.

„Brutele leneșe!" a strigat Hal, ridicând biciul să-i lovească.

Pero Mercedes entró corriendo y le arrebató el látigo de las manos a Hal.

Dar Mercedes s-a repezit înăuntru și i-a luat biciul din mâini lui Hal.

—Oh, Hal, no te atrevas a hacerles daño —gritó alarmada.

„O, Hal, nu îndrăzni să le faci rău!", a strigat ea alarmată.

"Prométeme que serás amable con ellos o no daré un paso más".

„Promite-mi că vei fi amabil cu ei, altfel nu voi mai face niciun pas."

—No sabes nada de perros —le espetó Hal a su hermana.

„Habar n-ai despre câini", i-a răspuns Hal surorii sale.
"Son perezosos y la única forma de moverlos es azotándolos".
„Sunt leneși și singura modalitate de a-i mișca este să-i biciuiești."
"Pregúntale a cualquiera, pregúntale a uno de esos hombres de allí si dudas de mí".
„Întreabă pe oricine – întreabă pe unul dintre oamenii aceia de acolo dacă te îndoiești de mine."
Mercedes miró a los espectadores con ojos suplicantes y llorosos.
Mercedes se uita la privitori cu ochi rugători și în lacrimi.
Su rostro mostraba lo profundamente que odiaba ver cualquier dolor.
Fața ei citea cât de profund ura vederea oricărei dureri.
"Están débiles, eso es todo", dijo un hombre. "Están agotados".
„Sunt slabi, asta e tot", a spus un bărbat. „Sunt epuizați."
"Necesitan descansar, han trabajado demasiado tiempo sin descansar".
„Au nevoie de odihnă — au fost munciți prea mult timp fără pauză."
—Maldito sea el resto —murmuró Hal con el labio curvado.
„Blestem să fie odihnă în pace", mormăi Hal cu buza strâmbă.
Mercedes jadeó, visiblemente dolida por la grosera palabra que pronunció.
Mercedes a gâfâit, evident dureroasă de cuvântul vulgar rostit de el.
Aún así, ella se mantuvo leal y defendió instantáneamente a su hermano.
Totuși, ea a rămas loială și și-a apărat imediat fratele.
—No le hagas caso a ese hombre —le dijo a Hal—. Son nuestros perros.
„Nu-l lua în seamă pe omul ăla", i-a spus ea lui Hal. „Sunt câinii noștri."
"Los conduces como mejor te parezca, haz lo que creas correcto".

„Le conduci cum consideri de cuviință – fă ce crezi că e corect."
Hal levantó el látigo y volvió a golpear a los perros sin piedad.
Hal a ridicat biciul și a lovit din nou câinii fără milă.
Se lanzaron hacia adelante, con el cuerpo agachado y los pies hundidos en la nieve.
S-au năpustit înainte, cu corpurile joase, cu picioarele înfipte în zăpadă.
Ponían toda su fuerza en tirar, pero el trineo no se movía.
Toată puterea lor s-a îndreptat spre tragere, dar sania nu se mișca.
El trineo quedó atascado, como un ancla congelada en la nieve compacta.
Sania a rămas blocată, ca o ancoră înghețată în zăpada bătută.
Tras un segundo esfuerzo, los perros se detuvieron de nuevo, jadeando con fuerza.
După un al doilea efort, câinii s-au oprit din nou, gâfâind greu.
Hal levantó el látigo una vez más, justo cuando Mercedes interfirió nuevamente.
Hal a ridicat din nou biciul, exact când Mercedes a intervenit din nou.
Ella cayó de rodillas frente a Buck y abrazó su cuello.
Ea a căzut în genunchi în fața lui Buck și l-a îmbrățișat.
Las lágrimas llenaron sus ojos mientras le suplicaba al perro exhausto.
Lacrimile i s-au umplut de lacrimi în timp ce îl implora pe câinele epuizat.
"Pobres queridos", dijo, "¿por qué no tiran más fuerte?"
„Săracii de voi", a spus ea, „de ce nu trageți mai tare?"
"Si tiras, no te azotarán así".
„Dacă tragi, atunci n-o să fii biciuit așa."
A Buck no le gustaba Mercedes, pero estaba demasiado cansado para resistirse a ella ahora.
Buck nu o iubea pe Mercedes, dar era prea obosit ca să-i mai reziste acum.

Él aceptó sus lágrimas como una parte más de ese día miserable.
El a acceptat lacrimile ei ca pe doar încă o parte a zilei mizerabile.
Uno de los hombres que observaban finalmente habló después de contener su ira.
Unul dintre bărbații care priveau a vorbit în sfârșit, după ce și-a stăpânit furia.
"No me importa lo que les pase a ustedes, pero esos perros importan".
„Nu-mi pasă ce se întâmplă cu voi, oameni buni, dar câinii aceia contează."
"Si quieres ayudar, suelta ese trineo: está congelado hasta la nieve".
„Dacă vrei să ajuți, dezlănțuie sania aia — e înghețată până la zăpadă."
"Presiona con fuerza el polo G, derecha e izquierda, y rompe el sello de hielo".
„Apăsați tare pe stâlp, la dreapta și la stânga, și rupeți sigiliul de gheață."
Se hizo un tercer intento, esta vez siguiendo la sugerencia del hombre.
S-a făcut o a treia încercare, de data aceasta urmând sugestia bărbatului.
Hal balanceó el trineo de un lado a otro, soltando los patines.
Hal a legănat sania dintr-o parte în alta, desprinzând glisierele.
El trineo, aunque sobrecargado y torpe, finalmente avanzó con dificultad.
Sania, deși supraîncărcată și stângace, în cele din urmă s-a clătinat înainte.
Buck y los demás tiraron salvajemente, impulsados por una tormenta de latigazos.
Buck și ceilalți trăgeau nebunește, împinși de o furtună de lovituri de bici.

Cien metros más adelante, el sendero se curvaba y descendía hacia la calle.
La o sută de metri mai în față, poteca se curba și cobora în pantă în stradă.
Se hubiera necesitado un conductor habilidoso para mantener el trineo en posición vertical.
Ar fi fost nevoie de un șofer priceput ca să țină sania în poziție verticală.
Hal no era hábil y el trineo se volcó al girar en la curva.
Hal nu era priceput, iar sania s-a răsturnat când a luat-o după curbă.
Las ataduras sueltas cedieron y la mitad de la carga se derramó sobre la nieve.
Legurile slăbite au cedat, iar jumătate din încărcătură s-a vărsat pe zăpadă.
Los perros no se detuvieron; el trineo, más ligero, siguió volando de lado.
Câinii nu s-au oprit; sania mai ușoară zbura pe o parte.
Enojados por el abuso y la pesada carga, los perros corrieron más rápido.
Furioși din cauza abuzurilor și a poverii grele, câinii au alergat mai repede.
Buck, furioso, echó a correr, con el equipo siguiéndolo detrás.
Buck, furios, a început să alerge, urmat de echipă.
Hal gritó "¡Guau! ¡Guau!", pero el equipo no le hizo caso.
Hal a strigat „Uau! Uau!", dar echipa nu l-a băgat în seamă.
Tropezó, cayó y fue arrastrado por el suelo por el arnés.
S-a împiedicat, a căzut și a fost târât pe pământ de ham.
El trineo volcado saltó sobre él mientras los perros corrían delante.
Sania răsturnată s-a lovit de el în timp ce câinii goneau înainte.
El resto de los suministros se dispersaron por la concurrida calle de Skaguay.
Restul proviziilor împrăștiate pe strada aglomerată din Skaguay.

La gente bondadosa se apresuró a detener a los perros y recoger el equipo.
Oameni buni la suflet s-au grăbit să oprească câinii și să adune echipamentul.
También dieron consejos, contundentes y prácticos, a los nuevos viajeros.
De asemenea, le-au dat sfaturi, directe și practice, noilor călători.
"Si quieres llegar a Dawson, lleva la mitad de la carga y el doble de perros".
„Dacă vrei să ajungi la Dawson, ia jumătate din încărcătură și dublează numărul de câini."
Hal, Charles y Mercedes escucharon, aunque no con entusiasmo.
Hal, Charles și Mercedes au ascultat, deși nu cu entuziasm.
Instalaron su tienda de campaña y comenzaron a clasificar sus suministros.
Și-au instalat cortul și au început să-și sorteze proviziile.
Salieron alimentos enlatados, lo que hizo reír a carcajadas a los espectadores.
Au ieșit conserve, ceea ce i-a făcut pe spectatori să râdă în hohote.
"¿Enlatado en el camino? Te morirás de hambre antes de que se derrita", dijo uno.
„Conserve pe potecă? O să mori de foame înainte să se topească alea", a spus unul.
¿Mantas de hotel? Mejor tíralas todas.
„Pături de hotel? Mai bine le arunci pe toate."
"Si también deshazte de la tienda de campaña, aquí nadie lava los platos".
„Aruncă și cortul, și nimeni nu spală vase aici."
¿Crees que estás viajando en un tren Pullman con sirvientes a bordo?
„Crezi că mergi într-un tren Pullman cu servitori la bord?"
El proceso comenzó: todos los objetos inútiles fueron arrojados a un lado.

Procesul a început — fiecare obiect inutil a fost aruncat deoparte.

Mercedes lloró cuando sus maletas fueron vaciadas en el suelo nevado.

Mercedes a plâns când genţile ei au fost golite pe pământul înzăpezit.

Ella sollozaba por cada objeto que tiraba, uno por uno, sin pausa.

A plâns fără pauză pentru fiecare obiect aruncat, unul câte unul.

Ella juró no dar un paso más, ni siquiera por diez Charleses.

Ea a jurat să nu mai facă niciun pas — nici măcar pentru zece Charles-uri.

Ella le rogó a cada persona cercana que le permitiera conservar sus cosas preciosas.

Ea a implorat fiecare persoană din apropiere să o lase să-şi păstreze lucrurile preţioase.

Por último, se secó los ojos y comenzó a arrojar incluso la ropa más importante.

În cele din urmă, şi-a şters ochii şi a început să arunce chiar şi hainele esenţiale.

Cuando terminó con los suyos, comenzó a vaciar los suministros de los hombres.

Când a terminat cu ale ei, a început să golească proviziile bărbaţilor.

Como un torbellino, destrozó las pertenencias de Charles y Hal.

Ca un vârtej, a sfâşiat lucrurile lui Charles şi ale lui Hal.

Aunque la carga se redujo a la mitad, todavía era mucho más pesada de lo necesario.

Deşi încărcătura fusese înjumătăţită, era totuşi mult mai grea decât era necesar.

Esa noche, Charles y Hal salieron y compraron seis perros nuevos.

În seara aceea, Charles şi Hal au ieşit şi au cumpărat şase câini noi.

Estos nuevos perros se unieron a los seis originales, además de Teek y Koona.
Aceşti câini noi s-au alăturat celor şase originali, plus Teek şi Koona.
Juntos formaron un equipo de catorce perros enganchados al trineo.
Împreună au format o pereche de paisprezece câini înhămaţi de sanie.
Pero los nuevos perros no eran aptos y estaban mal entrenados para el trabajo con trineos.
Dar noii câini erau nepotriviţi şi prost dresaţi pentru lucrul cu sania.
Tres de los perros eran pointers de pelo corto y uno era un Terranova.
Trei dintre câini erau pointer cu păr scurt, iar unul era un Newfoundland.
Los dos últimos perros eran mestizos, sin ninguna raza ni propósito claros.
Ultimii doi câini erau câini metişi, fără o rasă sau un scop clar.
No entendieron el camino y no lo aprendieron rápidamente.
Nu au înţeles poteca şi nu au învăţat-o repede.
Buck y sus compañeros los miraron con desprecio y profunda irritación.
Buck şi tovarăşii săi îi priveau cu dispreţ şi profundă iritare.
Aunque Buck les enseñó lo que no debían hacer, no podía enseñarles cuál era el deber.
Deşi Buck i-a învăţat ce să nu facă, nu putea să-i înveţe ce înseamnă datoria.
No se adaptaron bien a la vida en senderos ni al tirón de las riendas y los trineos.
Nu s-au adaptat bine la viaţa de drumeţie sau la tragerea hăţurilor şi a săniilor.
Sólo los mestizos intentaron adaptarse, e incluso a ellos les faltó espíritu de lucha.
Doar corciturile au încercat să se adapteze şi chiar şi lor le-a lipsit spiritul de luptă.

Los demás perros estaban confundidos, debilitados y destrozados por su nueva vida.
Ceilalți câini erau confuzi, slăbiți și distruși de noua lor viață.
Con los nuevos perros desorientados y los viejos exhaustos, la esperanza era escasa.
Cu câinii noi neștiutori și cei vechi epuizați, speranța era slabă.
El equipo de Buck había recorrido dos mil quinientas millas de senderos difíciles.
Echipa lui Buck parcursese două mii cinci sute de mile de potecă accidentată.
Aún así, los dos hombres estaban alegres y orgullosos de su gran equipo de perros.
Totuși, cei doi bărbați erau veseli și mândri de marele lor acompaniament de câini.
Creían que viajaban con estilo, con catorce perros enganchados.
Credeau că călătoresc cu stil, cu paisprezece câini însoțiți.
Habían visto trineos partir hacia Dawson y otros llegar desde allí.
Văzuseră sănii plecând spre Dawson și altele sosind de acolo.
Pero nunca habían visto uno tirado por tantos catorce perros.
Dar niciodată nu văzuseră unul tras de paisprezece câini.
Había una razón por la que equipos como ese eran raros en el desierto del Ártico.
Exista un motiv pentru care astfel de echipe erau rare în sălbăticia arctică.
Ningún trineo podría transportar suficiente comida para alimentar a catorce perros durante el viaje.
Nicio sanie nu putea căra suficientă mâncare pentru a hrăni paisprezece câini pe parcursul călătoriei.
Pero Charles y Hal no lo sabían: habían hecho los cálculos.
Dar Charles și Hal nu știau asta – făcuseră calculele.
Planificaron la comida: tanta cantidad por perro, tantos días, y listo.
Au desenat mâncarea cu creionul: atât de multă per câine, atâtea zile, gata.
Mercedes miró sus figuras y asintió como si tuviera sentido.

Mercedes s-a uitat la cifrele lor și a dat din cap ca și cum ar fi avut sens.
Todo le parecía muy sencillo, al menos en el papel.
Totul i se părea foarte simplu, cel puțin pe hârtie.

A la mañana siguiente, Buck guió al equipo lentamente por la calle nevada.
A doua zi dimineață, Buck a condus echipa încet pe strada înzăpezită.
No había energía ni espíritu en él ni en los perros detrás de él.
Nu avea nicio energie sau spirit în el, nici în câinii din spatele lui.
Estaban muertos de cansancio desde el principio: no les quedaban reservas.
Erau morți de oboseală de la început — nu mai rămăseseră rezerve.
Buck ya había hecho cuatro viajes entre Salt Water y Dawson.
Buck făcuse deja patru călătorii între Salt Water și Dawson.
Ahora, enfrentado nuevamente el mismo desafío, no sentía nada más que amargura.
Acum, confruntat din nou cu aceeași potecă, nu simțea decât amărăciune.
Su corazón no estaba en ello, ni tampoco el corazón de los otros perros.
Inima lui nu era în asta, nici inimile celorlalți câini.
Los nuevos perros eran tímidos y los huskies carecían de confianza.
Noii câini erau timizi, iar husky-ii nu aveau deloc încredere.
Buck sintió que no podía confiar en estos dos hombres ni en su hermana.
Buck simțea că nu se putea baza pe acești doi bărbați sau pe sora lor.
No sabían nada y no mostraron señales de aprender en el camino.
Nu știau nimic și nu dădeau semne că ar învăța pe drum.

Estaban desorganizados y carecían de cualquier sentido de disciplina.
Erau dezorganizați și lipsiți de orice simț al disciplinei.
Les tomó media noche montar un campamento descuidado cada vez.
De fiecare dată le lua jumătate de noapte să instaleze o tabără neîngrijită.
Y la mitad de la mañana siguiente la pasaron otra vez jugueteando con el trineo.
Și jumătate din dimineața următoare au petrecut-o din nou bâlbâind cu sania.
Al mediodía, a menudo se detenían simplemente para arreglar la carga desigual.
Până la prânz, se opreau adesea doar ca să repare încărcătura neuniformă.
Algunos días, viajaron menos de diez millas en total.
În unele zile, au parcurs mai puțin de zece mile în total.
Otros días ni siquiera conseguían salir del campamento.
În alte zile, nu au reușit să părăsească deloc tabăra.
Nunca llegaron a cubrir la distancia alimentaria planificada.
Niciodată nu au fost aproape de a acoperi distanța alimentară planificată.
Como era de esperar, muy rápidamente se quedaron sin comida para los perros.
Așa cum era de așteptat, au rămas foarte repede fără mâncare pentru câini.
Empeoró las cosas sobrealimentándolos en los primeros días.
Au înrăutățit lucrurile prin suprahrănirea din primele zile.
Esto acercaba la hambruna con cada ración descuidada.
Aceasta a adus foametea mai aproape cu fiecare rație neglijentă.
Los nuevos perros no habían aprendido a sobrevivir con muy poco.
Noii câini nu învățaseră să supraviețuiască cu foarte puțin.
Comieron con hambre, con apetitos demasiado grandes para el camino.

Au mâncat cu poftă, cu o poftă prea mare pentru drum.
Al ver que los perros se debilitaban, Hal creyó que la comida no era suficiente.
Văzând câinii slăbind, Hal a crezut că mâncarea nu era suficientă.
Duplicó las raciones, empeorando aún más el error.
A dublat raţiile, ceea ce a agravat şi mai mult greşeala.
Mercedes añadió más problemas con lágrimas y suaves súplicas.
Mercedes a agravat problema cu lacrimi şi rugăminţi blânde.
Cuando no pudo convencer a Hal, alimentó a los perros en secreto.
Când nu l-a putut convinge pe Hal, i-a hrănit pe câini în secret.
Ella robó de los sacos de pescado y se lo dio a sus espaldas.
Ea a furat din sacii cu peşte şi li l-a dat pe la spatele lui.
Pero lo que los perros realmente necesitaban no era más comida: era descanso.
Dar ceea ce aveau cu adevărat nevoie câinii nu era mai multă mâncare, ci odihnă.
Iban a poca velocidad, pero el pesado trineo aún seguía avanzando.
Mergeau prost, dar sania grea încă se târa înainte.
Ese peso solo les quitaba las fuerzas que les quedaban cada día.
Numai acea greutate le consuma zilnic puterile rămase.
Luego vino la etapa de desalimentación ya que los suministros escasearon.
Apoi a venit etapa de subhrănire, pe măsură ce proviziile se epuizau.
Una mañana, Hal se dio cuenta de que la mitad de la comida para perros ya había desaparecido.
Într-o dimineaţă, Hal şi-a dat seama că jumătate din mâncarea pentru câini dispăruse deja.
Sólo habían recorrido una cuarta parte de la distancia total del recorrido.
Parcurseseră doar un sfert din distanţa totală a traseului.

No se podía comprar más comida por ningún precio que se ofreciera.
Nu se mai putea cumpăra mâncare, indiferent de prețul oferit.
Redujo las raciones de los perros por debajo de la ración diaria estándar.
A redus porțiile câinilor sub rația zilnică standard.
Al mismo tiempo, exigió viajes más largos para compensar las pérdidas.
În același timp, a cerut călătorii mai lungi pentru a compensa pierderile.
Mercedes y Carlos apoyaron este plan, pero fracasaron en su ejecución.
Mercedes și Charles au susținut acest plan, dar au eșuat în punerea în aplicare.
Su pesado trineo y su falta de habilidad hicieron que el avance fuera casi imposible.
Sania lor grea și lipsa de îndemânare făceau progresul aproape imposibil.
Era fácil dar menos comida, pero imposible forzar más esfuerzo.
Era ușor să dai mai puțină mâncare, dar imposibil să forțezi mai mult efort.
No podían salir temprano ni tampoco viajar horas extras.
Nu puteau începe devreme și nici nu puteau călători ore suplimentare.
No sabían cómo trabajar con los perros, ni tampoco ellos mismos.
Nu știau cum să lucreze cu câinii, nici pe ei înșiși, de altfel.
El primer perro que murió fue Dub, el desafortunado pero trabajador ladrón.
Primul câine care a murit a fost Dub, hoțul ghinionist, dar harnic.
Aunque a menudo lo castigaban, Dub había hecho su parte sin quejarse.
Deși adesea pedepsit, Dub își făcuse treaba fără să se plângă.
Su hombro lesionado empeoró sin cuidados ni necesidad de descanso.

Umărul său rănit s-a agravat fără îngrijire și fără a avea nevoie de odihnă.

Finalmente, Hal usó el revólver para acabar con el sufrimiento de Dub.

În cele din urmă, Hal a folosit revolverul pentru a pune capăt suferinței lui Dub.

Un dicho común afirma que los perros normales mueren con raciones para perros esquimales.

O zicală populară susținea că câinii normali mor cu rații de hrană pentru husky.

Los seis nuevos compañeros de Buck tenían sólo la mitad de la porción de comida del husky.

Cei șase noi tovarăși ai lui Buck aveau doar jumătate din porția de mâncare a husky-ului.

Primero murió el Terranova y después los tres bracos de pelo corto.

Newfoundlandul a murit primul, apoi cei trei pointeri cu păr scurt.

Los dos mestizos resistieron más tiempo pero finalmente perecieron como el resto.

Cei doi corcituri au rezistat mai mult timp, dar în cele din urmă au pierit ca și ceilalți.

Para entonces, todas las comodidades y la dulzura de Southland habían desaparecido.

În acest moment, toate facilitățile și blândețea din Southland dispăruseră.

Las tres personas habían perdido los últimos vestigios de su educación civilizada.

Cele trei persoane lepădaseră ultimele urme ale educației lor civilizate.

Despojado de glamour y romance, el viaje al Ártico se volvió brutalmente real.

Lipsite de strălucire și romantism, călătoriile arctice au devenit brutal de reale.

Era una realidad demasiado dura para su sentido de masculinidad y feminidad.

Era o realitate prea dură pentru simțul lor de masculinitate și feminitate.
Mercedes ya no lloraba por los perros, ahora lloraba sólo por ella misma.
Mercedes nu mai plângea pentru câini, ci acum plângea doar pentru ea însăși.
Pasó su tiempo llorando y peleando con Hal y Charles.
Își petrecea timpul plângând și certându-se cu Hal și Charles.
Pelear era lo único que nunca estaban demasiado cansados para hacer.
Certurile erau singurul lucru pentru care nu erau niciodată prea obosiți.
Su irritabilidad surgió de la miseria, creció con ella y la superó.
Iritabilitatea lor provenea din nefericire, creștea odată cu ea și o depășea.
La paciencia del camino, conocida por quienes trabajan y sufren con bondad, nunca llegó.
Răbdarea drumului, cunoscută celor care trudesc și suferă cu bunătate, nu a venit niciodată.
Esa paciencia que conserva dulce la palabra a pesar del dolor les era desconocida.
Acea răbdare, care menține vorbirea dulce prin durere, le era necunoscută.
No tenían ni un ápice de paciencia ni la fuerza que suponía sufrir con gracia.
Nu aveau nicio urmă de răbdare, nicio putere trăgându-se din suferința cu har.
Estaban rígidos por el dolor: les dolían los músculos, los huesos y el corazón.
Erau înțepeniți de durere — îi dureau mușchii, oasele și inima.
Por eso se volvieron afilados de lengua y rápidos para usar palabras ásperas.
Din această cauză, au devenit ascuțiți la limbă și rapizi la cuvinte aspre.
Cada día comenzaba y terminaba con voces enojadas y amargas quejas.

Fiecare zi începea și se termina cu voci furioase și plângeri amare.
Charles y Hal discutían cada vez que Mercedes les daba una oportunidad.
Charles și Hal se certau ori de câte ori Mercedes le oferea o șansă.
Cada hombre creía que hacía más de lo que le correspondía en el trabajo.
Fiecare om credea că a făcut mai mult decât partea sa echitabilă de muncă.
Ninguno de los dos perdió la oportunidad de decirlo una y otra vez.
Niciunul nu a ratat vreodată ocazia să spună asta, iar și iar.
A veces Mercedes se ponía del lado de Charles, a veces del lado de Hal.
Uneori, Mercedes era de partea lui Charles, alteori cu Hal.
Esto dio lugar a una gran e interminable disputa entre los tres.
Aceasta a dus la o ceartă mare și nesfârșită între cei trei.
Una disputa sobre quién debería cortar leña se salió de control.
O dispută despre cine ar trebui să taie lemne de foc a scăpat de sub control.
Pronto se nombraron padres, madres, primos y parientes muertos.
Curând, au fost numiți tații, mamele, verii și rudele decedate.
Las opiniones de Hal sobre el arte o las obras de su tío se convirtieron en parte de la pelea.
Părerile lui Hal despre artă sau piesele de teatru ale unchiului său au devenit parte a luptei.
Las creencias políticas de Charles también entraron en el debate.
Convingerile politice ale lui Charles au intrat și ele în dezbatere.
Para Mercedes, incluso los chismes de la hermana de su marido parecían relevantes.

Pentru Mercedes, chiar și bârfele surorii soțului ei i se păreau relevante.
Ella expresó sus opiniones sobre eso y sobre muchos de los defectos de la familia de Charles.
Ea și-a exprimat opiniile despre asta și despre multe dintre defectele familiei lui Charles.
Mientras discutían, el fuego permaneció apagado y el campamento medio montado.
În timp ce se certau, focul a rămas stins și tabăra pe jumătate așezată.
Mientras tanto, los perros permanecieron fríos y sin comida.
Între timp, câinii au rămas înghețați și fără mâncare.
Mercedes tenía un motivo de queja que consideraba profundamente personal.
Mercedes avea o nemulțumire pe care o considera profund personală.
Se sintió maltratada como mujer, negándole sus privilegios de gentileza.
S-a simțit maltratată ca femeie, privată de privilegiile ei blânde.
Ella era bonita y dulce, y acostumbrada a la caballerosidad toda su vida.
Era drăguță și blândă și obișnuită cu cavalerismul toată viața.
Pero su marido y su hermano ahora la trataban con impaciencia.
Dar soțul și fratele ei o tratau acum cu nerăbdare.
Su costumbre era actuar con impotencia y comenzaron a quejarse.
Obiceiul ei era să se comporte ca și cum ar fi fost neajutorată, iar ei au început să se plângă.
Ofendida por esto, les hizo la vida aún más difícil.
Jignită de acest lucru, le-a făcut viața cu atât mai dificilă.
Ella ignoró a los perros e insistió en montar ella misma el trineo.
Ea i-a ignorat pe câini și a insistat să se plimbe ea însăși cu sania.

Aunque parecía ligera de aspecto, pesaba ciento veinte libras.
Deși era ușoară la înfățișare, cântărea o sută douăzeci de kilograme.
Esa carga adicional era demasiado para los perros hambrientos y débiles.
Aceea povară suplimentară era prea grea pentru câinii înfometați și slabi.
Aún así, ella cabalgó durante días, hasta que los perros se desplomaron en las riendas.
Totuși, a călărit zile întregi, până când câinii s-au prăbușit în frâie.
El trineo se detuvo y Charles y Hal le rogaron que caminara.
Sania s-a oprit, iar Charles și Hal au implorat-o să meargă.
Ellos suplicaron y rogaron, pero ella lloró y los llamó crueles.
Ei au implorat și au implorat, dar ea a plâns și i-a numit cruzi.
En una ocasión la sacaron del trineo con pura fuerza y enojo.
Odată, au tras-o jos de pe sanie cu forță și furie.
Nunca volvieron a intentarlo después de lo que pasó aquella vez.
Nu au mai încercat niciodată după ce s-a întâmplat atunci.
Ella se quedó flácida como un niño mimado y se sentó en la nieve.
A rămas moale ca un copil răsfățat și a așezat în zăpadă.
Ellos siguieron adelante, pero ella se negó a levantarse o seguirlos.
Au pornit mai departe, dar ea a refuzat să se ridice sau să-i urmeze.
Después de tres millas, se detuvieron, regresaron y la llevaron de regreso.
După cinci kilometri, s-au oprit, s-au întors și au dus-o înapoi.
La volvieron a cargar en el trineo, nuevamente usando la fuerza bruta.
Au reîncărcat-o pe sanie, folosind din nou forța brută.
En su profunda miseria, fueron insensibles al sufrimiento de los perros.

În profunda lor nefericire, erau insensibili la suferinţa câinilor.
Hal creía que uno debía endurecerse y forzar esa creencia a los demás.
Hal credea că trebuie să te căleşti şi le impune altora această convingere.
Primero intentó predicar su filosofía a su hermana.
A încercat mai întâi să-i predice filozofia surorii sale
y luego, sin éxito, le predicó a su cuñado.
şi apoi, fără succes, i-a predicat cumnatului său.
Tuvo más éxito con los perros, pero sólo porque los lastimaba.
A avut mai mult succes cu câinii, dar numai pentru că i-a rănit.
En Five Fingers, la comida para perros se quedó completamente sin comida.
La Five Fingers, hrana pentru câini a rămas complet fără mâncare.
Una vieja india desdentada vendió unas cuantas libras de cuero de caballo congelado
O indiancă bătrână fără dinţi a vândut câteva kilograme de piele de cal congelată
Hal cambió su revólver por la piel de caballo seca.
Hal şi-a schimbat revolverul pe pielea uscată de cal.
La carne había procedido de caballos hambrientos de ganaderos meses antes.
Carnea provenise de la caii înfometaţi ai crescătorilor de vite cu luni în urmă.
Congelada, la piel era como hierro galvanizado: dura y incomestible.
Îngheţată, pielea arăta ca fierul galvanizat; dură şi necomestibilă.
Los perros tenían que masticar sin parar la piel para poder comérsela.
Câinii trebuiau să mestece pielea la nesfârşit ca să o mănânce.
Pero las cuerdas correosas y el pelo corto no constituían apenas alimento.
Dar şnururile pieleoase şi părul scurt nu erau deloc hrănitor.

La mayor parte de la piel era irritante y no era alimento en ningún sentido estricto.
Cea mai mare parte a pielii era iritantă și nu era mâncare în adevăratul sens al cuvântului.
Y durante todo ese tiempo, Buck se tambaleaba al frente, como en una pesadilla.
Și, în tot acest timp, Buck se clătina în față, ca într-un coșmar.
Tiraba cuando podía, y cuando no, se quedaba tendido hasta que un látigo o un garrote lo levantaban.
Tragea când putea; când nu putea, zăcea până când îl ridicau cu biciul sau bâta.
Su fino y brillante pelaje había perdido toda la rigidez y brillo que alguna vez tuvo.
Blana lui fină și lucioasă își pierduse toată rigiditatea și luciul pe care le avusese odinioară.
Su cabello colgaba lacio, enmarañado y cubierto de sangre seca por los golpes.
Părul îi atârna moale, zbârlit și închegat de sânge uscat de la lovituri.
Sus músculos se encogieron hasta convertirse en cuerdas y sus almohadillas de carne estaban todas desgastadas.
Mușchii i se contractaseră până la a se transforma în funii vertebrale, iar pernuțele de carne îi erau uzate.
Cada costilla, cada hueso se veía claramente a través de los pliegues de la piel arrugada.
Fiecare coastă, fiecare os se vedea clar prin pliurile pielii ridate.
Fue desgarrador, pero el corazón de Buck no podía romperse.
A fost sfâșietor, totuși inima lui Buck nu se putea frânge.
El hombre del suéter rojo lo había probado y demostrado hacía mucho tiempo.
Bărbatul în pulover roșu testase asta și o dovedise cu mult timp în urmă.
Tal como sucedió con Buck, sucedió con el resto de sus compañeros de equipo.

Așa cum a fost cu Buck, așa a fost și cu toți coechipierii săi rămași.
Eran siete en total, cada uno de ellos un esqueleto andante de miseria.
Erau șapte în total, fiecare un schelet ambulant al nefericirii.
Se habían vuelto insensibles a los latigazos y solo sentían un dolor distante.
Deveniseră amorțiți la lovituri de bici, simțind doar o durere îndepărtată.
Incluso la vista y el sonido les llegaban débilmente, como a través de una espesa niebla.
Chiar și vederea și sunetul ajungeau slab la ei, ca printr-o ceață densă.
No estaban ni medio vivos: eran huesos con tenues chispas en su interior.
Nu erau pe jumătate vii – erau doar oase cu scântei slabe înăuntru.
Al detenerse, se desplomaron como cadáveres y sus chispas casi desaparecieron.
Când s-au oprit, s-au prăbușit ca niște cadavre, scânteile aproape dispărându-le.
Y cuando el látigo o el garrote volvían a golpear, las chispas revoloteaban débilmente.
Și când biciul sau bâta lovea din nou, scânteile fluturau slab.
Entonces se levantaron, se tambalearon hacia adelante y arrastraron sus extremidades hacia delante.
Apoi s-au ridicat, s-au clătinat înainte și și-au târât membrele înainte.
Un día el amable Billee se cayó y ya no pudo levantarse.
Într-o zi, bunul Billee a căzut și nu s-a mai putut ridica deloc.
Hal había cambiado su revólver, por lo que utilizó un hacha para matar a Billee.
Hal își renunțase la revolver, așa că a folosit un topor ca să-l omoare pe Billee.
Lo golpeó en la cabeza, luego le cortó el cuerpo y se lo llevó arrastrado.
L-a lovit în cap, apoi i-a tăiat corpul și l-a târât departe.

Buck vio esto, y también los demás; sabían que la muerte estaba cerca.
Buck a văzut asta, și ceilalți la fel; știau că moartea era aproape.
Al día siguiente Koona se fue, dejando sólo cinco perros en el equipo hambriento.
A doua zi, Koona a plecat, lăsând doar cinci câini în echipa înfometată.
Joe, que ya no era malo, estaba demasiado perdido como para darse cuenta de gran cosa.
Joe, care nu mai era rău, era prea dispărut ca să mai fie conștient de mare lucru.
Pike, que ya no fingía su lesión, estaba apenas consciente.
Pike, care nu-și mai prefăcea rana, era abia conștient.
Solleks, todavía fiel, lamentó no tener fuerzas para dar.
Solleks, încă credincios, a jelit că nu mai avea puterea să dea.
Teek fue el que más perdió porque estaba más fresco, pero su rendimiento se estaba agotando rápidamente.
Teek a fost cel mai mult bătut pentru că era mai proaspăt, dar se stingea repede.
Y Buck, todavía a la cabeza, ya no mantenía el orden ni lo hacía cumplir.
Iar Buck, încă în frunte, nu mai menținea ordinea și nici nu o mai impunea.
Medio ciego por la debilidad, Buck siguió el rastro sólo por el tacto.
Pe jumătate orb de slăbiciune, Buck a urmat calea doar prin simț.
Era un hermoso clima primaveral, pero ninguno de ellos lo notó.
Era o vreme frumoasă de primăvară, dar niciunul dintre ei n-a observat-o.
Cada día el sol salía más temprano y se ponía más tarde que el anterior.
În fiecare zi soarele răsărea mai devreme și apunea mai târziu decât înainte.

A las tres de la mañana ya había amanecido; el crepúsculo duró hasta las nueve.
Pe la trei dimineața, se ivise zorii; amurgul dura până la nouă.
Los largos días estuvieron llenos del resplandor del sol primaveral.
Zilele lungi erau pline de strălucirea deplină a soarelui de primăvară.
El silencio fantasmal del invierno se había transformado en un cálido murmullo.
Tăcerea fantomatică a iernii se transformase într-un murmur cald.
Toda la tierra estaba despertando, viva con la alegría de los seres vivos.
Tot pământul se trezea, plin de bucuria ființelor vii.
El sonido provenía de lo que había permanecido muerto e inmóvil durante el invierno.
Sunetul venea din ceea ce zăcuse mort și nemișcat toată iarna.
Ahora, esas cosas se movieron nuevamente, sacudiéndose el largo sueño helado.
Acum, acele lucruri se mișcau din nou, scuturându-se de lungul somn de gheață.
La savia subía a través de los oscuros troncos de los pinos que esperaban.
Seva se ridica prin trunchiurile întunecate ale pinilor care așteptau.
Los sauces y los álamos brotan brillantes y jóvenes brotes en cada ramita.
Sălciile și aspenii scot muguri tineri și strălucitori pe fiecare crenguță.
Los arbustos y las enredaderas se vistieron de un verde fresco a medida que el bosque cobraba vida.
Arbuștii și vița-de-vie au prins o culoare verde proaspăt pe măsură ce pădurea a prins viață.
Los grillos cantaban por la noche y los insectos se arrastraban bajo el sol del día.
Greierii ciripeau noaptea, iar insectele se târau în soarele zilei.

Las perdices graznaban y los pájaros carpinteros picoteaban en lo profundo de los árboles.
Potârnichile bubuiau, iar ciocănitoarele băteau adânc în copaci.
Las ardillas parloteaban, los pájaros cantaban y los gansos graznaban al hablarles a los perros.
Veverițele ciripeau, păsările cântau, iar gâștele claxonau peste câini.
Las aves silvestres llegaron en grupos afilados, volando desde el sur.
Păsările sălbatice veneau în grupuri ascuțite, zburând dinspre sud.
De cada ladera llegaba la música de arroyos ocultos y caudalosos.
De pe fiecare versant se auzea muzica unor pâraie ascunse și repezi.
Todas las cosas se descongelaron y se rompieron, se doblaron y volvieron a ponerse en movimiento.
Toate lucrurile s-au dezghețat și au crăpat, s-au îndoit și au izbucnit din nou în mișcare.
El Yukón se esforzó por romper las frías cadenas del hielo congelado.
Yukonul s-a străduit să rupă lanțurile reci ale gheții înghețate.
El hielo se derritió desde abajo, mientras que el sol lo derritió desde arriba.
Gheața s-a topit dedesubt, în timp ce soarele a topit-o de sus.
Se abrieron agujeros de aire, se abrieron grietas y algunos trozos cayeron al río.
Găurile de aerisire s-au deschis, crăpăturile s-au extins, iar bucăți au căzut în râu.
En medio de toda esta vida frenética y llameante, los viajeros se tambaleaban.
În mijlocul acestei vieți explozive și sclipitoare, călătorii se clătinau.
Dos hombres, una mujer y una jauría de perros esquimales caminaban como muertos.

Doi bărbați, o femeie și o haită de câini husky mergeau ca morții.
Los perros caían, Mercedes lloraba, pero seguía montando el trineo.
Câinii cădeau, Mercedes plângea, dar totuși a mers cu sania.
Hal maldijo débilmente y Charles parpadeó con los ojos llorosos.
Hal a înjurat slab, iar Charles a clipit cu ochii înlăcrimați.
Se toparon con el campamento de John Thornton junto a la desembocadura del río Blanco.
Au ajuns împleticindu-se în tabăra lui John Thornton, la gura de vărsare a Râului Alb.
Cuando se detuvieron, los perros cayeron al suelo, como si todos hubieran muerto.
Când s-au oprit, câinii s-au prăbușit, ca și cum ar fi fost toți morți.
Mercedes se secó las lágrimas y miró a John Thornton.
Mercedes și-a șters lacrimile și s-a uitat la John Thornton.
Charles se sentó en un tronco, lenta y rígidamente, dolorido por el camino.
Charles ședea pe un buștean, încet și țeapăn, durut de la potecă.
Hal habló mientras Thornton tallaba el extremo del mango de un hacha.
Hal vorbea în timp ce Thornton cioplea capătul mânerului unui topor.
Él tallaba madera de abedul y respondía con respuestas breves y firmes.
A cioplit lemn de mesteacăn și a răspuns cu replici scurte și ferme.
Cuando se le preguntó, dio consejos, seguro de que no serían seguidos.
Când a fost întrebat, a dat un sfat, sigur că nu va fi urmat.
Hal explicó: "Nos dijeron que el hielo del sendero se estaba desprendiendo".
Hal a explicat: „Ne-au spus că gheața de pe potecă se desprindea."

Dijeron que nos quedáramos allí, pero llegamos a White River.

„Au spus că ar trebui să rămânem pe loc — dar am reușit să ajungem la White River."

Terminó con un tono burlón, como para proclamar la victoria en medio de las dificultades.

A încheiat cu un ton batjocoritor, ca și cum ar fi revendicat victoria în greutăți.

—Y te dijeron la verdad —respondió John Thornton a Hal en voz baja.

— Și ți-au spus adevărul, răspunse John Thornton lui Hal încet.

"El hielo puede ceder en cualquier momento; está a punto de desprenderse".

„Gheața poate ceda în orice moment — e gata să se desprindă."

"Solo la suerte ciega y los tontos pudieron haber llegado tan lejos con vida".

„Doar norocul oarb și proștii ar fi putut ajunge atât de departe cu viață."

"Te lo digo directamente: no arriesgaría mi vida ni por todo el oro de Alaska".

„Îți spun direct, nu mi-aș risca viața pentru tot aurul Alaskăi."

—Supongo que es porque no eres tonto —respondió Hal.

„Asta e pentru că nu ești prost, presupun", răspunse Hal.

—De todos modos, seguiremos hasta Dawson. —Desenrolló el látigo.

„Totuși, vom merge mai departe la Dawson." Și-a desfăcut biciul.

—¡Sube, Buck! ¡Hola! ¡Sube! ¡Vamos! —gritó con dureza.

„Urcă-te acolo sus, Buck! Salut! Ridică-te! Haide!", a strigat el aspru.

Thornton siguió tallando madera, sabiendo que los tontos no escucharían razones.

Thornton a continuat să cioplească, știind că proștii nu vor auzi rațiunea.

Detener a un tonto era inútil, y dos o tres tontos no cambiaban nada.
A opri un prost era zadarnic — și doi sau trei păcăliți nu schimbau nimic.
Pero el equipo no se movió ante la orden de Hal.
Dar echipa nu s-a mișcat la auzul comenzii lui Hal.
A estas alturas, sólo los golpes podían hacerlos levantarse y avanzar.
Până acum, doar loviturile îi mai puteau face să se ridice și să tragă înainte.
El látigo golpeó una y otra vez a los perros debilitados.
Biciul pocnea iar și iar peste câinii slăbiți.
John Thornton apretó los labios con fuerza y observó en silencio.
John Thornton și-a strâns buzele și a privit în tăcere.
Solleks fue el primero en ponerse de pie bajo el látigo.
Solleks a fost primul care s-a ridicat în picioare sub bici.
Entonces Teek lo siguió, temblando. Joe gritó al tambalearse.
Apoi Teek l-a urmat, tremurând. Joe a țipat în timp ce se ridica împleticindu-se.
Pike intentó levantarse, falló dos veces y finalmente se mantuvo en pie, tambaleándose.
Pike a încercat să se ridice, a eșuat de două ori, apoi în cele din urmă s-a ridicat nesigur.
Pero Buck yacía donde había caído, sin moverse en absoluto este momento.
Dar Buck zăcea unde căzuse, nemișcându-se deloc de data asta.
El látigo lo golpeaba una y otra vez, pero él no emitía ningún sonido.
Biciul l-a lovit de nenumărate ori, dar el nu a scos niciun sunet.
Él no se inmutó ni se resistió, simplemente permaneció quieto y en silencio.
Nu a tresărit și nici nu a opus rezistență, pur și simplu a rămas nemișcat și tăcut.

Thornton se movió más de una vez, como si fuera a hablar, pero no lo hizo.
Thornton s-a mișcat de mai multe ori, ca și cum ar fi vrut să vorbească, dar nu a făcut-o.
Sus ojos se humedecieron y el látigo siguió golpeando contra Buck.
Ochii i s-au umezit, iar biciul a continuat să pocnească în Buck.
Finalmente, Thornton comenzó a caminar lentamente, sin saber qué hacer.
În cele din urmă, Thornton a început să se plimbe încet, neștiind ce să facă.
Era la primera vez que Buck fallaba y Hal se puso furioso.
Era prima dată când Buck eșuase, iar Hal s-a înfuriat.
Dejó el látigo y en su lugar tomó el pesado garrote.
A aruncat biciul și a ridicat în schimb bâta grea.
El palo de madera cayó con fuerza, pero Buck todavía no se levantó para moverse.
Bâta de lemn a căzut puternic, dar Buck tot nu s-a ridicat să se miște.
Al igual que sus compañeros de equipo, era demasiado débil, pero más que eso.
Ca și coechipierii săi, era prea slab — dar mai mult decât atât.
Buck había decidido no moverse, sin importar lo que sucediera después.
Buck hotărâse să nu se miște, indiferent ce ar fi urmat.
Sintió algo oscuro y seguro flotando justo delante.
Simțea ceva întunecat și sigur plutind chiar în față.
Ese miedo se apoderó de él tan pronto como llegó a la orilla del río.
Acea frică îl cuprinsese imediat ce ajunsese la malul râului.
La sensación no lo había abandonado desde que sintió el hielo fino bajo sus patas.
Sentimentul nu-l părăsise de când simțise gheața subțire sub labe.
Algo terrible lo esperaba; lo sintió más allá del camino.
Ceva îngrozitor îl aștepta – simțea că se prefigura chiar la capătul potecii.

No iba a caminar hacia esa cosa terrible que había delante.
Nu avea de gând să meargă spre acel lucru teribil din față.
Él no iba a obedecer ninguna orden que lo llevara a esa cosa.
Nu avea de gând să asculte de nicio poruncă care l-ar fi dus la chestia aia.
El dolor de los golpes apenas lo afectaba ahora: estaba demasiado lejos.
Durerea loviturilor abia dacă îl mai atingea acum – era prea dispărut.
La chispa de la vida parpadeaba débilmente y se apagaba bajo cada golpe cruel.
Scânteia vieții pâlpâia slab, estompată sub fiecare lovitură crudă.
Sus extremidades se sentían distantes; su cuerpo entero parecía pertenecer a otro.
Membrele lui păreau îndepărtate; întregul său corp părea să aparțină altcuiva.
Sintió un extraño entumecimiento mientras el dolor desapareció por completo.
A simțit o amorțeală ciudată pe măsură ce durerea i se dispăruse complet.
Desde lejos, sentía que lo golpeaban, pero apenas lo sabía.
De departe, simțea că este bătut, dar abia dacă își dădea seama.
Podía oír los golpes débilmente, pero ya no dolían realmente.
Auzea slab bufnetele, dar nu îl mai dureau cu adevărat.
Los golpes dieron en el blanco, pero su cuerpo ya no parecía el suyo.
Loviturile au nimerit, dar corpul său nu mai părea a fi al lui.
Entonces, de repente y sin previo aviso, John Thornton lanzó un grito salvaje.
Apoi, dintr-o dată, fără avertisment, John Thornton a scos un țipăt sălbatic.
Era un grito inarticulado, más el grito de una bestia que el de un hombre.

Era nearticulat, mai degrabă țipătul unei fiare decât al unui om.
Saltó hacia el hombre con el garrote y tiró a Hal hacia atrás.
A sărit asupra bărbatului cu bâta și l-a trântit pe Hal pe spate.
Hal voló como si lo hubiera golpeado un árbol y aterrizó con fuerza en el suelo.
Hal a zburat ca și cum ar fi fost lovit de un copac, aterizând puternic pe pământ.
Mercedes gritó en pánico y se llevó las manos a la cara.
Mercedes a țipat tare, panicată, și s-a agățat de față.
Charles se limitó a mirar, se secó los ojos y permaneció sentado.
Charles doar privi, își șterse ochii și rămase așezat.
Su cuerpo estaba demasiado rígido por el dolor para levantarse o ayudar en la pelea.
Corpul îi era prea înțepenit de durere ca să se ridice sau să ajute la luptă.
Thornton se quedó de pie junto a Buck, temblando de furia, incapaz de hablar.
Thornton stătea deasupra lui Buck, tremurând de furie, incapabil să vorbească.
Se estremeció de rabia y luchó por encontrar su voz a través de ella.
Tremura de furie și se lupta să-și găsească vocea printre ele.
—Si vuelves a golpear a ese perro, te mataré —dijo finalmente.
„Dacă mai lovești câinele ăla din nou, te omor", a spus el în cele din urmă.
Hal se limpió la sangre de la boca y volvió a avanzar.
Hal și-a șters sângele de pe gură și a venit din nou înainte.
—Es mi perro —murmuró—. ¡Quítate del medio o te curaré!
„E câinele meu", a mormăit el. „Dă-te la o parte sau te rezolv eu."
"Voy a Dawson y no me lo vas a impedir", añadió.
„Mă duc la Dawson și nu mă oprești", a adăugat el.
Thornton se mantuvo firme entre Buck y el joven enojado.
Thornton stătea ferm între Buck și tânărul furios.

No tenía intención de hacerse a un lado o dejar pasar a Hal.
Nu avea nicio intenție să se dea la o parte sau să-l lase pe Hal să treacă.
Hal sacó su cuchillo de caza, largo y peligroso en la mano.
Hal și-a scos cuțitul de vânătoare, lung și periculos în mână.
Mercedes gritó, luego lloró y luego rió con una histeria salvaje.
Mercedes a țipat, apoi a plâns, apoi a râs cu o isterie sălbatică.
Thornton golpeó la mano de Hal con el mango de su hacha, fuerte y rápido.
Thornton l-a lovit pe Hal în mâna cu mânerul toporului, tare și repede.
El cuchillo se soltó del agarre de Hal y voló al suelo.
Cuțitul a fost desprins din strânsoarea lui Hal și a zburat la pământ.
Hal intentó recoger el cuchillo y Thornton volvió a golpearle los nudillos.
Hal a încercat să ridice cuțitul, iar Thornton și-a lovit din nou încheieturile.
Entonces Thornton se agachó, agarró el cuchillo y lo sostuvo.
Apoi Thornton s-a aplecat, a apucat cuțitul și l-a ținut în mână.
Con dos rápidos golpes del mango del hacha, cortó las riendas de Buck.
Cu două lovituri rapide de mânerul toporului, i-a tăiat hățurile lui Buck.
Hal ya no tenía fuerzas para luchar y se apartó del perro.
Hal nu mai avea nicio putere de luptă și se dădu înapoi de lângă câine.
Además, Mercedes necesitaba ahora ambos brazos para mantenerse erguida.
În plus, Mercedes avea nevoie acum de ambele brațe ca să se țină în poziție verticală.
Buck estaba demasiado cerca de la muerte como para volver a ser útil para tirar de un trineo.
Buck era prea aproape de moarte ca să mai fie de folos la trasul unei sanii.

Unos minutos después, se marcharon y se dirigieron río abajo.
Câteva minute mai târziu, au plecat, îndreptându-se în josul râului.
Buck levantó la cabeza débilmente y los observó mientras salían del banco.
Buck își ridică slab capul și îi privi cum părăsesc banca.
Pike lideró el equipo, con Solleks en la parte trasera, al volante.
Pike a condus echipa, cu Solleks în spate, la volan.
Joe y Teek caminaron entre ellos, ambos cojeando por el cansancio.
Joe și Teek mergeau printre ei, amândoi șchiopătând de epuizare.
Mercedes se sentó en el trineo y Hal agarró el largo palo.
Mercedes s-a așezat pe sanie, iar Hal s-a agățat de bara lungă de ancorare.
Charles se tambaleó detrás, sus pasos torpes e inseguros.
Charles se împiedica în urmă, cu pașii stângaci și nesiguri.
Thornton se arrodilló junto a Buck y buscó con delicadeza los huesos rotos.
Thornton a îngenuncheat lângă Buck și a pipăit ușor dacă avea oase rupte.
Sus manos eran ásperas pero se movían con amabilidad y cuidado.
Mâinile lui erau aspre, dar se mișcau cu bunătate și grijă.
El cuerpo de Buck estaba magullado pero no mostraba lesiones duraderas.
Corpul lui Buck era învinețit, dar nu prezenta răni permanente.
Lo que quedó fue un hambre terrible y una debilidad casi total.
Ceea ce a rămas a fost o foame cumplită și o slăbiciune aproape totală.
Cuando esto quedó claro, el trineo ya había avanzado mucho río abajo.

Până când acest lucru a devenit clar, sania mersese mult în avalul râului.
El hombre y el perro observaron cómo el trineo se deslizaba lentamente sobre el hielo agrietado.
Bărbatul și câinele au privit sania târându-se încet pe gheața crăpată.
Luego vieron que el trineo se hundía en un hueco.
Apoi, au văzut sania scufundându-se într-o vale.
El mástil voló hacia arriba, con Hal todavía aferrándose a él en vano.
Stâlpul a zburat în sus, cu Hal încă agățat de el în zadar.
El grito de Mercedes les llegó a través de la fría distancia.
Țipătul lui Mercedes i-a ajuns dincolo de depărtarea rece.
Charles se giró y dio un paso atrás, pero ya era demasiado tarde.
Charles se întoarse și făcu un pas înapoi — dar era prea târziu.
Una capa de hielo entera cedió y todos ellos cayeron al suelo.
O întreagă calotă de gheață a cedat, și toți au căzut prin ea.
Los perros, los trineos y las personas desaparecieron en el agua negra que había debajo.
Câini, sanie și oameni au dispărut în apa neagră de dedesubt.
En el hielo por donde habían pasado sólo quedaba un amplio agujero.
Doar o gaură largă în gheață rămăsese pe locul unde trecuseră.
El sendero se había hundido por completo, tal como Thornton había advertido.
Partea de jos a potecii se lăsase în urmă – exact așa cum avertizase Thornton.
Thornton y Buck se miraron el uno al otro y guardaron silencio por un momento.
Thornton și Buck s-au privit unul pe altul, tăcuți o clipă.
—Pobre diablo —dijo Thornton suavemente, y Buck le lamió la mano.
— Săracul de tine, spuse Thornton încet, iar Buck își linse mâna.

Por el amor de un hombre
Din dragostea unui bărbat

John Thornton se congeló los pies en el frío del diciembre anterior.
Lui John Thornton i-au înghețat picioarele în frigul lunii decembrie precedente.
Sus compañeros lo hicieron sentir cómodo y lo dejaron recuperarse solo.
Partenerii lui l-au făcut să se simtă confortabil și l-au lăsat să se recupereze singur.
Subieron al río para recoger una balsa de troncos para aserrar para Dawson.
S-au dus în susul râului să adune o plută de bușteni de gater pentru Dawson.
Todavía cojeaba ligeramente cuando rescató a Buck de la muerte.
Încă șchiopăta puțin când l-a salvat pe Buck de la moarte.
Pero como el clima cálido continuó, incluso esa cojera desapareció.
Dar, cum vremea caldă persista, chiar și acea șchiopătare a dispărut.
Durante los largos días de primavera, Buck descansaba a orillas del río.
Întins pe malul râului în lungile zile de primăvară, Buck se odihnea.
Observó el agua fluir y escuchó a los pájaros y a los insectos.
El privea apa curgătoare și asculta păsările și insectele.
Lentamente, Buck recuperó su fuerza bajo el sol y el cielo.
Încet, Buck și-a recăpătat puterile sub soare și cer.
Un descanso fue maravilloso después de viajar tres mil millas.
O odihnă a fost minunată după o călătorie de cinci mii de kilometri.
Buck se volvió perezoso a medida que sus heridas sanaban y su cuerpo se llenaba.

Buck a devenit leneș pe măsură ce rănile i se vindecau și corpul i se umplea.
Sus músculos se reafirmaron y la carne volvió a cubrir sus huesos.
Mușchii i s-au întărit, iar carnea i-a acoperit din nou oasele.
Todos estaban descansando: Buck, Thornton, Skeet y Nig.
Toți se odihneau — Buck, Thornton, Skeet și Nig.
Esperaron la balsa que los llevaría a Dawson.
Au așteptat pluta care urma să-i ducă jos la Dawson.
Skeet era un pequeño setter irlandés que se hizo amigo de Buck.
Skeet era un mic setter irlandez care s-a împrietenit cu Buck.
Buck estaba demasiado débil y enfermo para resistirse a ella en su primer encuentro.
Buck era prea slăbit și bolnav ca să-i reziste la prima lor întâlnire.
Skeet tenía el rasgo de sanador que algunos perros poseen naturalmente.
Skeet avea trăsătura de vindecător pe care o posedă în mod natural unii câini.
Como una gata madre, lamió y limpió las heridas abiertas de Buck.
Ca o pisică, a lins și a curățat rănile vii ale lui Buck.
Todas las mañanas, después del desayuno, repetía su minucioso trabajo.
În fiecare dimineață, după micul dejun, își repeta munca minuțioasă.
Buck llegó a esperar su ayuda tanto como la de Thornton.
Buck a ajuns să se aștepte la ajutorul ei la fel de mult ca și la cel al lui Thornton.
Nig también era amigable, pero menos abierto y menos cariñoso.
Și Nig era prietenos, dar mai puțin deschis și mai puțin afectuos.
Nig era un perro grande y negro, mitad sabueso y mitad lebrel.
Nig era un câine mare și negru, parte copoi și parte copoi.

Tenía ojos sonrientes y un espíritu bondadoso sin límites.
Avea ochi râzători și o bunătate nesfârșită în suflet.
Para sorpresa de Buck, ninguno de los perros mostró celos hacia él.
Spre surprinderea lui Buck, niciunul dintre câini nu a arătat gelozie față de el.
Tanto Skeet como Nig compartieron la amabilidad de John Thornton.
Atât Skeet, cât și Nig împărtășeau bunătatea lui John Thornton.
A medida que Buck se hacía más fuerte, lo atrajeron hacia juegos de perros tontos.
Pe măsură ce Buck devenea mai puternic, l-au ademenit în jocuri prostești de-a câinii.
Thornton también jugaba a menudo con ellos, incapaz de resistirse a su alegría.
Și Thornton se juca adesea cu ei, incapabil să le reziste bucuriei.
De esta manera lúdica, Buck pasó de la enfermedad a una nueva vida.
În acest mod jucăuș, Buck a trecut de la boală la o viață nouă.
El amor, el amor verdadero, ardiente y apasionado, finalmente era suyo.
Iubirea — o iubire adevărată, arzătoare și pasională — a fost în sfârșit a lui.
Nunca había conocido ese tipo de amor en la finca de Miller.
Nu cunoscuse niciodată un astfel de fel de dragoste la moșia lui Miller.
Con los hijos del Juez había compartido trabajo y aventuras.
Cu fiii judecătorului, împărțise munca și aventurile.
En los nietos vio un orgullo rígido y jactancioso.
La nepoți, el a văzut o mândrie rigidă și lăudăroasă.
Con el propio juez Miller mantuvo una amistad respetuosa.
Cu judecătorul Miller însuși, a avut o prietenie respectuoasă.
Pero el amor que era fuego, locura y adoración llegó con Thornton.

Dar dragostea care era foc, nebunie și venerație a venit odată cu Thornton.
Este hombre había salvado la vida de Buck, y eso solo significaba mucho.
Acest om îi salvase viața lui Buck, iar asta în sine însemna enorm.
Pero más que eso, John Thornton era el tipo de maestro ideal.
Dar mai mult decât atât, John Thornton era genul ideal de maestru.
Otros hombres cuidaban perros por obligación o necesidad laboral.
Alți bărbați aveau grijă de câini din îndatorire sau din necesitate de afaceri.
John Thornton cuidaba a sus perros como si fueran sus hijos.
John Thornton își îngrijea câinii ca și cum ar fi fost copiii lui.
Él se preocupaba por ellos porque los amaba y simplemente no podía evitarlo.
I-a păsat de ei pentru că îi iubea și pur și simplu nu se putea abține.
John Thornton vio incluso más lejos de lo que la mayoría de los hombres lograron ver.
John Thornton a văzut chiar mai departe decât au reușit vreodată majoritatea oamenilor.
Nunca se olvidó de saludarlos amablemente o decirles alguna palabra de aliento.
Nu uita niciodată să-i salute cu amabilitate sau să le adreseze un cuvânt de încurajare.
Le encantaba sentarse con los perros para tener largas charlas, o "gases", como él decía.
Îi plăcea să stea cu câinii pentru discuții lungi sau „să stea gazoși", cum spunea el.
Le gustaba agarrar bruscamente la cabeza de Buck entre sus fuertes manos.
Îi plăcea să-i apuce brutal capul lui Buck între mâinile sale puternice.

Luego apoyó su cabeza contra la de Buck y lo sacudió suavemente.
Apoi și-a sprijinit capul de al lui Buck și l-a clătinat ușor.
Mientras tanto, él llamaba a Buck con nombres groseros que significaban amor para Buck.
În tot acest timp, el îl numea pe Buck cu porecle grosolane care însemnau dragoste pentru Buck.
Para Buck, ese fuerte abrazo y esas palabras le trajeron una profunda alegría.
Lui Buck, acea îmbrățișare brutală și acele cuvinte i-au adus o bucurie profundă.
Su corazón parecía latir con fuerza de felicidad con cada movimiento.
Inima părea să-i tremure de fericire la fiecare mișcare.
Cuando se levantó de un salto, su boca parecía como si se estuviera riendo.
Când a sărit în picioare după aceea, gura lui arăta de parcă ar fi râs.
Sus ojos brillaban intensamente y su garganta temblaba con una alegría tácita.
Ochii îi străluceau puternic, iar gâtul îi tremura de o bucurie nerostită.
Su sonrisa se detuvo en ese estado de emoción y afecto resplandeciente.
Zâmbetul său a rămas nemișcat în acea stare de emoție și afecțiune strălucitoare.
Entonces Thornton exclamó pensativo: "¡Dios! ¡Casi puede hablar!"
Apoi Thornton exclamă gânditor: „Doamne! Aproape că poate vorbi!"
Buck tenía una extraña forma de expresar amor que casi causaba dolor.
Buck avea un mod ciudat de a exprima dragostea care aproape provoca durere.
A menudo apretaba muy fuerte la mano de Thornton entre los dientes.
Adesea strângea foarte tare mâna lui Thornton în dinți.

La mordedura iba a dejar marcas profundas que permanecerían durante algún tiempo.
Mușcătura urma să lase urme adânci care au rămas ceva timp după aceea.
Buck creía que esos juramentos eran de amor y Thornton lo sabía también.
Buck credea că acele jurăminte erau dragoste, iar Thornton știa același lucru.
La mayoría de las veces, el amor de Buck se demostraba en una adoración silenciosa, casi silenciosa.
Cel mai adesea, dragostea lui Buck se manifesta printr-o adorație tăcută, aproape tăcută.
Aunque se emocionaba cuando lo tocaban o le hablaban, no buscaba atención.
Deși era încântat când era atins sau i se vorbea, nu căuta atenție.
Skeet empujó su nariz bajo la mano de Thornton hasta que él la acarició.
Skeet și-a împins nasul sub mâna lui Thornton până când acesta a mângâiat-o.
Nig se acercó en silencio y apoyó su gran cabeza en la rodilla de Thornton.
Nig se apropie în liniște și își odihni capul mare pe genunchiul lui Thornton.
Buck, por el contrario, se conformaba con amar desde una distancia respetuosa.
Buck, în schimb, se mulțumea să iubească de la o distanță respectuoasă.
Durante horas permaneció tendido a los pies de Thornton, alerta y observando atentamente.
A zăcut ore în șir la picioarele lui Thornton, alert și privind cu atenție.
Buck estudió cada detalle del rostro de su amo y su más mínimo movimiento.
Buck studia fiecare detaliu al feței stăpânului său și cea mai mică mișcare.

O yacía más lejos, estudiando la figura del hombre en silencio.
Sau a mințit mai departe, studiind silueta bărbatului în tăcere.
Buck observó cada pequeño movimiento, cada cambio de postura o gesto.
Buck urmărea fiecare mică mișcare, fiecare schimbare de postură sau gest.
Tan poderosa era esta conexión que a menudo atraía la mirada de Thornton.
Atât de puternică era această conexiune, încât adesea îi atrăgea privirea lui Thornton.
Sostuvo la mirada de Buck sin palabras, pero el amor brillaba claramente a través de ella.
A întâlnit privirea lui Buck fără cuvinte, dragostea strălucind clar prin ea.
Durante mucho tiempo después de ser salvado, Buck nunca perdió de vista a Thornton.
Multă vreme după ce a fost salvat, Buck nu l-a mai pierdut din vedere pe Thornton.
Cada vez que Thornton salía de la tienda, Buck lo seguía de cerca afuera.
Ori de câte ori Thornton părăsea cortul, Buck îl urma îndeaproape afară.
Todos los amos severos de las Tierras del Norte habían hecho que Buck tuviera miedo de confiar.
Toți stăpânii aspri din Țara Nordului îl făcuseră pe Buck să se teamă să aibă încredere.
Temía que ningún hombre pudiera seguir siendo su amo durante más de un corto tiempo.
Se temea că niciun om nu i-ar putea rămâne stăpân mai mult de puțin timp.
Temía que John Thornton desapareciera como Perrault y François.
Se temea că John Thornton avea să dispară precum Perrault și François.
Incluso por la noche, el miedo a perderlo acechaba el sueño inquieto de Buck.

Chiar și noaptea, teama de a-l pierde îi bântuia somnul agitat lui Buck.
Cuando Buck se despertó, salió a escondidas al frío y fue a la tienda de campaña.
Când Buck s-a trezit, s-a strecurat afară, în frig, și s-a dus la cort.
Escuchó atentamente el suave sonido de la respiración en su interior.
A ascultat cu atenție sunetul blând al respirației interioare.
A pesar del profundo amor de Buck por John Thornton, lo salvaje siguió vivo.
În ciuda iubirii profunde a lui Buck pentru John Thornton, sălbăticia a rămas în viață.
Ese instinto primitivo, despertado en el Norte, no desapareció.
Acel instinct primitiv, trezit în Nord, nu a dispărut.
El amor trajo devoción, lealtad y el cálido vínculo del fuego.
Dragostea aducea devotament, loialitate și legătura caldă din jurul focului.
Pero Buck también mantuvo sus instintos salvajes, agudos y siempre alerta.
Dar Buck și-a păstrat și instinctele sălbatice, ascuțite și mereu alerte.
No era sólo una mascota domesticada de las suaves tierras de la civilización.
Nu era doar un animal de companie îmblânzit de pe tărâmurile moi ale civilizației.
Buck era un ser salvaje que había venido a sentarse junto al fuego de Thornton.
Buck era o ființă sălbatică care venise să se așeze lângă focul lui Thornton.
Parecía un perro del Sur, pero en su interior vivía lo salvaje.
Arăta ca un câine din Southland, dar în el trăia sălbăticia.
Su amor por Thornton era demasiado grande como para permitirle robarle algo.
Dragostea lui pentru Thornton era prea mare ca să-i permită să fie furat.

Pero en cualquier otro campamento, robaría con valentía y sin pausa.
Dar în orice altă tabără, ar fura cu îndrăzneală și fără pauză.
Era tan astuto al robar que nadie podía atraparlo ni acusarlo.
Era atât de deștept la furat, încât nimeni nu-l putea prinde sau acuza.
Su rostro y su cuerpo estaban cubiertos de cicatrices de muchas peleas pasadas.
Fața și corpul îi erau acoperite de cicatrici de la multe lupte din trecut.
Buck seguía luchando con fiereza, pero ahora luchaba con más astucia.
Buck încă lupta cu înverșunare, dar acum lupta cu mai multă viclenie.
Skeet y Nig eran demasiado amables para pelear, y eran de Thornton.
Skeet și Nig erau prea blânzi ca să se lupte, și erau ai lui Thornton.
Pero cualquier perro extraño, por fuerte o valiente que fuese, cedía.
Dar orice câine străin, oricât de puternic sau curajos ar fi fost, ceda.
De lo contrario, el perro se encontraría luchando contra Buck; luchando por su vida.
Altfel, câinele s-a trezit luptându-se cu Buck; luptând pentru viața sa.
Buck no tuvo piedad una vez que decidió pelear contra otro perro.
Buck n-a avut milă odată ce a ales să lupte împotriva unui alt câine.
Había aprendido bien la ley del garrote y el colmillo en las Tierras del Norte.
Învățase bine legea loviturii cu bâta și colțul în Țara Nordului.
Él nunca renunció a una ventaja y nunca se retractó de la batalla.
Nu a renunțat niciodată la un avantaj și nu s-a retras niciodată din luptă.

Había estudiado a los Spitz y a los perros más feroces del correo y de la policía.
Studiase spitzii și cei mai feroce câini de poștă și poliție.
Sabía claramente que no había término medio en un combate salvaje.
Știa clar că nu există cale de mijloc în luptele sălbatice.
Él debía gobernar o ser gobernado; mostrar misericordia significaba mostrar debilidad.
El trebuia să conducă sau să fie condus; a arăta milă însemna a arăta slăbiciune.
Mercy era una desconocida en el crudo y brutal mundo de la supervivencia.
Mila era necunoscută în lumea crudă și brutală a supraviețuirii.
Mostrar misericordia era visto como miedo, y el miedo conducía rápidamente a la muerte.
A arăta milă era văzut ca frică, iar frica ducea repede la moarte.
La antigua ley era simple: matar o ser asesinado, comer o ser comido.
Vechea lege era simplă: ucizi sau fii ucis, mănânci sau fii mâncat.
Esa ley vino desde las profundidades del tiempo, y Buck la siguió plenamente.
Acea lege venea din adâncurile timpurilor, iar Buck a urmat-o în întregime.
Buck era mayor que su edad y el número de respiraciones que tomaba.
Buck era mai în vârstă decât anii săi și decât de câte ori respira.
Conectó claramente el pasado antiguo con el momento presente.
El a conectat în mod clar trecutul antic cu momentul prezent.
Los ritmos profundos de las épocas lo atravesaban como mareas.
Ritmurile profunde ale veacurilor se mișcau prin el precum mareele.

El tiempo latía en su sangre con la misma seguridad con la que las estaciones movían la tierra.
Timpul îi pulsa în sânge la fel de sigur cum anotimpurile mișcă pământul.
Se sentó junto al fuego de Thornton, con el pecho fuerte y los colmillos blancos.
Stătea lângă focul lui Thornton, cu pieptul puternic și colții albi.
Su largo pelaje ondeaba, pero detrás de él los espíritus de los perros salvajes observaban.
Blana lui lungă unduia, dar în spatele lui spiritele câinilor sălbatici pândeau.
Lobos medio y lobos completos se agitaron dentro de su corazón y sus sentidos.
Lupi pe jumătate și lupi adevărați i se mișcau în inimă și în simțuri.
Probaron su carne y bebieron la misma agua que él.
Au gustat carnea lui și au băut aceeași apă ca și el.
Olfatearon el viento junto a él y escucharon el bosque.
Au adulmecat vântul alături de el și au ascultat pădurea.
Susurraron los significados de los sonidos salvajes en la oscuridad.
Șopteau semnificațiile sunetelor sălbatice în întuneric.
Ellos moldearon sus estados de ánimo y guiaron cada una de sus reacciones tranquilas.
I-au modelat dispozițiile și i-au ghidat fiecare dintre reacțiile liniștite.
Se quedaron con él mientras dormía y se convirtieron en parte de sus sueños más profundos.
Au stat alături de el în timp ce dormea și au devenit parte din visele sale profunde.
Soñaron con él, más allá de él, y constituyeron su propio espíritu.
Au visat împreună cu el, dincolo de el, și i-au alcătuit însăși spiritul.
Los espíritus de la naturaleza llamaron con tanta fuerza que Buck se sintió atraído.

Spiritele sălbăticiei chemau atât de puternic încât Buck se simți atras.
Cada día, la humanidad y sus reivindicaciones se debilitaban más en el corazón de Buck.
Pe zi ce trece, omenirea și pretențiile ei slăbeau în inima lui Buck.
En lo profundo del bosque, un llamado extraño y emocionante estaba por surgir.
Adânc în pădure, un strigăt ciudat și emoționant urma să se ridice.
Cada vez que escuchaba el llamado, Buck sentía un impulso que no podía resistir.
De fiecare dată când auzea chemarea, Buck simțea un impuls căruia nu-i putea rezista.
Él iba a alejarse del fuego y de los caminos humanos trillados.
Avea de gând să se întoarcă de la foc și de la cărările bătătorite de oameni.
Iba a adentrarse en el bosque, avanzando sin saber por qué.
Avea să se afunde în pădure, înaintând fără să știe de ce.
Él no cuestionó esta atracción porque el llamado era profundo y poderoso.
Nu a pus la îndoială această atracție, căci chemarea era profundă și puternică.
A menudo, alcanzaba la sombra verde y la tierra suave e intacta.
Adesea, ajungea la umbra verde și la pământul moale și neatins
Pero entonces el fuerte amor por John Thornton lo atrajo de nuevo al fuego.
Dar apoi dragostea puternică pentru John Thornton l-a tras înapoi spre foc.
Sólo John Thornton realmente pudo sostener en sus manos el corazón salvaje de Buck.
Doar John Thornton ținea cu adevărat în strânsoarea sa inima sălbatică a lui Buck.

El resto de la humanidad no tenía ningún valor o significado duradero para Buck.
Restul omenirii nu avea nicio valoare sau semnificație durabilă pentru Buck.
Los extraños podrían elogiarlo o acariciar su pelaje con manos amistosas.
Străinii l-ar putea lăuda sau i-ar putea mângâia blana cu mâini prietenoase.
Buck permaneció impasible y se alejó por demasiado afecto.
Buck a rămas nemișcat și a plecat din cauza prea multor afecțiuni.
Hans y Pete llegaron con la balsa que habían esperado durante tanto tiempo.
Hans și Pete au sosit cu pluta mult așteptată
Buck los ignoró hasta que supo que estaban cerca de Thornton.
Buck i-a ignorat până a aflat că erau aproape de Thornton.
Después de eso, los toleró, pero nunca les mostró total calidez.
După aceea, i-a tolerat, dar nu le-a arătat niciodată căldură deplină.
Él aceptaba comida o gentileza de ellos como si les estuviera haciendo un favor.
A luat mâncare sau a primit bunătăți de la ei ca și cum le-ar fi făcut o favoare.
Eran como Thornton: sencillos, honestos y claros en sus pensamientos.
Erau ca Thornton — simpli, onești și limpezi în gânduri.
Todos juntos viajaron al aserradero de Dawson y al gran remolino.
Toți împreună au călătorit la gaterul lui Dawson și la marele vârtej
En su viaje aprendieron a comprender profundamente la naturaleza de Buck.
În călătoria lor, au învățat să înțeleagă în profunzime natura lui Buck.
No intentaron acercarse como lo habían hecho Skeet y Nig.

Nu au încercat să se apropie așa cum făcuseră Skeet și Nig.
Pero el amor de Buck por John Thornton solo se profundizó con el tiempo.
Dar dragostea lui Buck pentru John Thornton s-a adâncit în timp.
Sólo Thornton podía colocar una mochila en la espalda de Buck en el verano.
Doar Thornton putea să-i pună un rucsac pe spatele lui Buck vara.
Cualquiera que fuera lo que Thornton ordenaba, Buck estaba dispuesto a hacerlo a cabalidad.
Buck era dispus să îndeplinească pe deplin orice i-a poruncit Thornton.
Un día, después de que dejaron Dawson hacia las cabeceras del río Tanana,
Într-o zi, după ce au plecat din Dawson spre izvoarele râului Tanana,
El grupo se sentó en un acantilado que caía un metro hasta el lecho rocoso desnudo.
Grupul stătea pe o stâncă care cobora un metru până la roca goală.
John Thornton se sentó cerca del borde y Buck descansó a su lado.
John Thornton stătea aproape de margine, iar Buck se odihnea lângă el.
Thornton tuvo una idea repentina y llamó la atención de los hombres.
Thornton a avut brusc un gând și le-a atras atenția bărbaților.
Señaló hacia el otro lado del abismo y le dio a Buck una única orden.
A arătat peste prăpastie și i-a dat lui Buck o singură comandă.
—¡Salta, Buck! —dijo, extendiendo el brazo por encima del precipicio.
„Sari, Buck!" a spus el, întinzându-și brațul peste prăpastie.
En un momento, tuvo que agarrar a Buck, quien estaba saltando para obedecer.

Într-o clipă, a trebuit să-l apuce pe Buck, care sărea să se supună.
Hans y Pete corrieron hacia adelante y los pusieron a ambos a salvo.
Hans și Pete s-au repezit înainte și i-au tras pe amândoi înapoi în siguranță.
Cuando todo terminó y recuperaron el aliento, Pete habló.
După ce totul s-a terminat și ei și-au tras sufletul, Pete a luat cuvântul.
"El amor es extraño", dijo, conmocionado por la feroz devoción del perro.
„Dragostea e stranie", a spus el, zdruncinat de devotamentul aprig al câinelui.
Thornton meneó la cabeza y respondió con seriedad y calma.
Thornton clătină din cap și răspunse cu o seriozitate calmă.
"No, el amor es espléndido", dijo, "pero también terrible".
„Nu, dragostea e splendidă", a spus el, „dar și teribilă."
"A veces, debo admitirlo, este tipo de amor me da miedo".
„Uneori, trebuie să recunosc, acest tip de iubire mă face să mă tem."
Pete asintió y dijo: "Odiaría ser el hombre que te toque".
Pete dădu din cap și spuse: „Nu mi-ar plăcea să fiu cel care te atinge."
Miró a Buck mientras hablaba, serio y lleno de respeto.
S-a uitat la Buck în timp ce vorbea, serios și plin de respect.
—¡Py Jingo! —dijo Hans rápidamente—. Yo tampoco, señor.
„Py Jingo!" spuse Hans repede. „Nici eu, nu, domnule."

Antes de que terminara el año, los temores de Pete se hicieron realidad en Circle City.
Înainte de sfârșitul anului, temerile lui Pete s-au adeverit la Circle City.
Un hombre cruel llamado Black Burton provocó una pelea en el bar.
Un bărbat crud pe nume Black Burton s-a bătut în bar.
Estaba enojado y malicioso, arremetiendo contra un nuevo novato.

Era furios și răutăcios, izbucnind într-un nou-născut picioruș sensibil.
John Thornton entró en escena, tranquilo y afable como siempre.
John Thornton a intervenit, calm și binevoitor ca întotdeauna.
Buck yacía en un rincón, con la cabeza gacha, observando a Thornton de cerca.
Buck stătea întins într-un colț, cu capul plecat, privindu-l atent pe Thornton.
Burton atacó de repente, y su puñetazo hizo que Thornton girara.
Burton lovi brusc, pumnul său făcându-l pe Thornton să se întoarcă.
Sólo la barandilla de la barra evitó que se estrellara con fuerza contra el suelo.
Doar balustrada barei l-a împiedicat să se prăbușească puternic la pământ.
Los observadores oyeron un sonido que no era un ladrido ni un aullido.
Privitorii au auzit un sunet care nu era un lătrat sau un țipăt
Un rugido profundo salió de Buck mientras se lanzaba hacia el hombre.
Un răget adânc s-a auzit dinspre Buck în timp ce se arunca spre bărbat.
Burton levantó el brazo y apenas salvó su vida.
Burton și-a ridicat brațul și abia și-a salvat propria viață.
Buck se estrelló contra él y lo tiró al suelo.
Buck s-a izbit de el, trântindu-l la pământ.
Buck mordió profundamente el brazo del hombre y luego se abalanzó sobre su garganta.
Buck a mușcat adânc de brațul bărbatului, apoi s-a repezit la gât.
Burton sólo pudo bloquearlo parcialmente y su cuello quedó destrozado.
Burton nu a putut bloca decât parțial, iar gâtul îi era smuls.
Los hombres se apresuraron a entrar, con los garrotes en alto, y apartaron a Buck del hombre sangrante.

Bărbații s-au năpustit înăuntru, cu bâtele ridicate, și l-au alungat pe Buck de lângă omul însângerat.
Un cirujano trabajó rápidamente para detener la fuga de sangre.
Un chirurg a acționat rapid pentru a opri curgerea sângelui.
Buck caminaba de un lado a otro y gruñía, intentando atacar una y otra vez.
Buck se plimba de colo colo și mârâia, încercând să atace iar și iar.
Sólo los golpes con los palos le impidieron llegar hasta Burton.
Doar crosele de leagăn l-au împiedicat să ajungă la Burton.
Allí mismo se convocó y celebró una asamblea de mineros.
O adunare a minerilor a fost convocată și s-a ținut chiar acolo, la fața locului.
Estuvieron de acuerdo en que Buck había sido provocado y votaron por liberarlo.
Au fost de acord că Buck fusese provocat și au votat pentru eliberarea lui.
Pero el feroz nombre de Buck ahora resonaba en todos los campamentos de Alaska.
Dar numele feroce al lui Buck răsuna acum în fiecare tabără din Alaska.
Más tarde ese otoño, Buck salvó a Thornton nuevamente de una nueva manera.
Mai târziu în acea toamnă, Buck l-a salvat din nou pe Thornton într-un mod nou.
Los tres hombres guiaban un bote largo por rápidos agitados.
Cei trei bărbați călăuzeau o barcă lungă pe repezișuri accidentate.
Thornton tripulaba el bote, gritando instrucciones para llegar a la costa.
Thornton conducea barca, strigând indicații către țărm.
Hans y Pete corrieron por la tierra, sosteniendo una cuerda de árbol a árbol.

Hans și Pete au alergat pe uscat, ținând o frânghie din copac în copac.
Buck seguía el ritmo en la orilla, siempre observando a su amo.
Buck ținea pasul pe mal, privindu-și mereu stăpânul.
En un lugar desagradable, las rocas sobresalían bajo el agua rápida.
Într-un loc neplăcut, pietre ieșeau sub apa repezită.
Hans soltó la cuerda y Thornton dirigió el bote hacia otro lado.
Hans a dat drumul la frânghie, iar Thornton a virat barca pe o parte și pe alta.
Hans corrió para alcanzar el barco nuevamente más allá de las rocas peligrosas.
Hans a sprintat să ajungă din nou la barcă, trecând de stâncile periculoase.
El barco superó la cornisa pero se topó con una parte más fuerte de la corriente.
Barca a trecut de cornișă, dar a lovit o parte mai puternică a curentului.
Hans agarró la cuerda demasiado rápido y desequilibró el barco.
Hans a apucat frânghia prea repede și a dezechilibrat barca.
El barco se volcó y se estrelló contra la orilla, boca abajo.
Barca s-a răsturnat și s-a izbit de mal, cu fundul în sus.
Thornton fue arrojado y arrastrado hacia la parte más salvaje del agua.
Thornton a fost aruncat afară și măturăt în cea mai sălbatică parte a apei.
Ningún nadador habría podido sobrevivir en esas aguas turbulentas y mortales.
Niciun înotător nu ar fi putut supraviețui în acele ape mortale, grăbite.
Buck saltó instantáneamente y persiguió a su amo río abajo.
Buck a sărit instantaneu în șa și și-a urmărit stăpânul în josul râului.
Después de trescientos metros, llegó por fin a Thornton.

După trei sute de metri, a ajuns în sfârșit la Thornton.
Thornton agarró la cola de Buck y Buck se giró hacia la orilla.
Thornton l-a apucat pe Buck de coadă, iar Buck s-a întors spre țărm.
Nadó con todas sus fuerzas, luchando contra el arrastre salvaje del agua.
A înotat cu toate puterile, luptând împotriva rezistenței sălbatice a apei.
Se movieron río abajo más rápido de lo que podían llegar a la orilla.
S-au deplasat în aval mai repede decât au putut ajunge la țărm.
Más adelante, el río rugía cada vez más fuerte mientras caía en rápidos mortales.
În față, râul vuia mai tare pe măsură ce se prăbușea în repezișuri mortale.
Las rocas cortaban el agua como los dientes de un peine enorme.
Pietrele tăiau apa ca dinții unui pieptene uriaș.
La atracción del agua cerca de la caída era salvaje e ineludible.
Atracția apei lângă picătură era sălbatică și inevitabilă.
Thornton sabía que nunca podrían llegar a la costa a tiempo.
Thornton știa că nu vor putea niciodată ajunge la țărm la timp.
Raspó una roca, se estrelló contra otra,
A zgâriat o piatră, s-a izbit de a doua,
Y entonces se estrelló contra una tercera roca, agarrándola con ambas manos.
Și apoi s-a izbit de o a treia piatră, apucând-o cu ambele mâini.
Soltó a Buck y gritó por encima del rugido: "¡Vamos, Buck! ¡Vamos!".
L-a lăsat pe Buck și a strigat peste vuiet: „Hai, Buck! Hai!"
Buck no pudo mantenerse a flote y fue arrastrado por la corriente.
Buck nu a mai putut să se mențină la suprafață și a fost luat în jos de curent.

Luchó con todas sus fuerzas, intentando girar, pero no consiguió ningún progreso.
S-a luptat din greu, chinuindu-se să se întoarcă, dar nu a făcut niciun progres.
Entonces escuchó a Thornton repetir la orden por encima del rugido del río.
Apoi l-a auzit pe Thornton repetând comanda peste vuietul râului.
Buck salió del agua y levantó la cabeza como para echar una última mirada.
Buck ieși din apă și își ridică capul ca și cum ar fi vrut să arunce o ultimă privire.
Luego se giró y obedeció, nadando hacia la orilla con resolución.
apoi s-a întors și s-a supus, înotând spre mal cu hotărâre.
Pete y Hans lo sacaron a tierra en el último momento posible.
Pete și Hans l-au tras la mal în ultimul moment posibil.
Sabían que Thornton podría aferrarse a la roca sólo por unos minutos más.
Știau că Thornton se mai putea agăța de stâncă doar câteva minute în plus.
Corrieron por la orilla hasta un lugar mucho más arriba de donde estaba colgado.
Au alergat pe mal până într-un loc mult deasupra locului unde atârna el.
Ataron la cuerda del bote al cuello y los hombros de Buck con cuidado.
Au legat cu grijă parâma bărcii de gâtul și umerii lui Buck.
La cuerda estaba ajustada pero lo suficientemente suelta para permitir la respiración y el movimiento.
Frânghia era strânsă, dar suficient de slăbită pentru a putea respira și a te mișca.
Luego lo lanzaron nuevamente al caudaloso y mortal río.
Apoi l-au aruncat din nou în râul repetat și mortal.
Buck nadó con valentía, pero perdió su ángulo debido a la fuerza de la corriente.

Buck a înotat cu îndrăzneală, dar a ratat unghiul și a nimerit-o în forța curentului.
Se dio cuenta demasiado tarde de que iba a dejar atrás a Thornton.
A văzut prea târziu că avea să treacă pe lângă Thornton.
Hans tiró de la cuerda con fuerza, como si Buck fuera un barco que se hundía.
Hans a smucit și mai tare frânghia, ca și cum Buck ar fi fost o barcă care se răstoarnă.
La corriente lo arrastró hacia abajo y desapareció bajo la superficie.
Curentul l-a tras sub apă, iar el a dispărut sub suprafață.
Su cuerpo chocó contra el banco antes de que Hans y Pete pudieran sacarlo.
Corpul său a lovit malul înainte ca Hans și Pete să-l scoată afară.
Estaba medio ahogado y le sacaron el agua a golpes.
Era pe jumătate înecat, iar l-au scos cu mâna până a scos apa din el.
Buck se puso de pie, se tambaleó y volvió a desplomarse en el suelo.
Buck se ridică, se clătină și se prăbuși din nou la pământ.
Entonces oyeron la voz de Thornton llevada débilmente por el viento.
Apoi au auzit vocea lui Thornton, purtată slab de vânt.
Aunque las palabras no eran claras, sabían que estaba cerca de morir.
Deși cuvintele erau neclare, știau că era aproape de moarte.
El sonido de la voz de Thornton golpeó a Buck como una sacudida eléctrica.
Sunetul vocii lui Thornton l-a lovit pe Buck ca o șoc electric.
Saltó y corrió por la orilla, regresando al punto de lanzamiento.
A sărit în sus și a alergat pe mal, întorcându-se la punctul de lansare.
Nuevamente ataron la cuerda a Buck, y nuevamente entró al arroyo.

Din nou au legat frânghia de Buck și din nou a intrat în pârâu.
Esta vez nadó directo y firmemente hacia el agua que palpitaba.
De data aceasta, a înotat direct și ferm în apa care se revărsa.
Hans soltó la cuerda con firmeza mientras Pete evitaba que se enredara.
Hans a eliberat frânghia încet, în timp ce Pete o împiedica să se încurce.
Buck nadó con fuerza hasta que estuvo alineado justo encima de Thornton.
Buck a înotat cu greu până a ajuns chiar deasupra lui Thornton.
Luego se dio la vuelta y se lanzó hacia abajo como un tren a toda velocidad.
Apoi s-a întors și a năvălit ca un tren în viteză maximă.
Thornton lo vio venir, se preparó y le rodeó el cuello con los brazos.
Thornton l-a văzut venind, s-a pregătit și l-a cuprins cu brațele.
Hans ató la cuerda fuertemente alrededor de un árbol mientras ambos eran arrastrados hacia abajo.
Hans a legat strâns frânghia în jurul unui copac în timp ce amândoi erau trași sub apă.
Cayeron bajo el agua y se estrellaron contra rocas y escombros del río.
S-au rostogolit sub apă, izbindu-se de pietre și resturi de râu.
En un momento Buck estaba arriba y al siguiente Thornton se levantó jadeando.
Într-o clipă Buck era deasupra, în următoarea Thornton se ridica gâfâind.
Maltratados y asfixiados, se desviaron hacia la orilla y se pusieron a salvo.
Bătuți și sufocați, au virat spre mal și în siguranță.
Thornton recuperó el conocimiento, acostado sobre un tronco a la deriva.
Thornton și-a recăpătat cunoștința, întins pe un buștean plutitor.

Hans y Pete trabajaron duro para devolverle el aliento y la vida.
Hans și Pete l-au muncit din greu ca să-i redea suflul și viața.
Su primer pensamiento fue para Buck, que yacía inmóvil y flácido.
Primul său gând a fost pentru Buck, care zăcea nemișcat și inert.
Nig aulló sobre el cuerpo de Buck y Skeet le lamió la cara suavemente.
Nig a urlat peste corpul lui Buck, iar Skeet i-a lins ușor fața.
Thornton, dolorido y magullado, examinó a Buck con manos cuidadosas.
Thornton, învinețit și rănit, îl examină pe Buck cu mâini atente.
Encontró tres costillas rotas, pero ninguna herida mortal en el perro.
A găsit trei coaste rupte, dar nicio rană mortală la câine.
"Eso lo resuelve", dijo Thornton. "Acamparemos aquí". Y así lo hicieron.
„Asta e rezolvat", a spus Thornton. „Noi campăm aici." Și așa au făcut.
Se quedaron hasta que las costillas de Buck sanaron y pudo caminar nuevamente.
Au rămas până când lui Buck i s-au vindecat coastele și a putut merge din nou.

Ese invierno, Buck realizó una hazaña que aumentó aún más su fama.
În iarna aceea, Buck a realizat o ispravă care i-a sporit și mai mult faima.
Fue menos heroico que salvar a Thornton, pero igual de impresionante.
A fost mai puțin eroic decât salvarea lui Thornton, dar la fel de impresionant.
En Dawson, los socios necesitaban suministros para un viaje lejano.

La Dawson, partenerii aveau nevoie de provizii pentru o călătorie îndepărtată.
Querían viajar hacia el Este, hacia tierras vírgenes y silvestres.
Ei voiau să călătorească spre Est, în ținuturi sălbatice neatinse.
La escritura de Buck en el Eldorado Saloon hizo posible ese viaje.
Fapta lui Buck în Saloonul Eldorado a făcut posibilă acea călătorie.
Todo empezó con hombres alardeando de sus perros mientras bebían.
A început cu bărbați care se lăudau cu câinii lor în timp ce beau băuturi.
La fama de Buck lo convirtió en blanco de desafíos y dudas.
Faima lui Buck l-a transformat în ținta provocărilor și a îndoielilor.
Thornton, orgulloso y tranquilo, se mantuvo firme en la defensa del nombre de Buck.
Thornton, mândru și calm, a rămas neclintit în apărarea numelui lui Buck.
Un hombre dijo que su perro podía levantar doscientos cincuenta kilos con facilidad.
Un bărbat a spus că câinele său putea trage cu ușurință cinci sute de kilograme.
Otro dijo seiscientos, y un tercero se jactó de setecientos.
Altul a zis șase sute, iar al treilea s-a lăudat cu șapte sute.
"¡Pfft!" dijo John Thornton, "Buck puede tirar de un trineo de mil libras".
„Pfft!" a spus John Thornton, „Buck poate trage o sanie de o mie de livre."
Matthewson, un Rey de Bonanza, se inclinó hacia delante y lo desafió.
Matthewson, un Rege Bonanza, s-a aplecat în față și l-a provocat.
¿Crees que puede poner tanto peso en movimiento?
„Crezi că poate pune atâta greutate în mișcare?"
"¿Y crees que puede tirar del peso cien yardas enteras?"

„Şi crezi că poate trage greutatea o sută de metri?"
Thornton respondió con frialdad: «Sí. Buck es lo suficientemente bueno como para hacerlo».
Thornton a răspuns rece: „Da. Buck e destul de isteţ ca să facă asta."
"**Pondrá mil libras en movimiento y las arrastrará cien yardas**".
„Va pune în mişcare o mie de livre şi o va trage o sută de metri."
Matthewson sonrió lentamente y se aseguró de que todos los hombres escucharan sus palabras.
Matthewson zâmbi încet şi se asigură că toţi bărbaţii îi auzeau cuvintele.
Tengo mil dólares que dicen que no puede. Ahí está.
„Am o mie de dolari care spun că nu poate. Uite-i."
Arrojó un saco de polvo de oro del tamaño de una salchicha sobre la barra.
A trântit pe bar un sac cu praf de aur de mărimea unui cârnat.
Nadie dijo una palabra. El silencio se hizo denso y tenso a su alrededor.
Nimeni nu a scos un cuvânt. Tăcerea a devenit grea şi tensionată în jurul lor.
El engaño de Thornton —si es que lo hubo— había sido tomado en serio.
Bluful lui Thornton — dacă era unul — fusese luat în serios.
Sintió que el calor le subía a la cara mientras la sangre le subía a las mejillas.
A simţit căldura cum îi creşte în faţă, în timp ce sângele i se năpustea în obraji.
En ese momento su lengua se había adelantado a su razón.
Limba lui îi depăşise raţiunea în acel moment.
Realmente no sabía si Buck podría mover mil libras.
Chiar nu ştia dacă Buck putea muta o mie de livre.
¡Media tonelada! Solo su tamaño le hacía sentir un gran peso en el corazón.
O jumătate de tonă! Numai dimensiunea ei îi făcea să simtă inima grea.

Tenía fe en la fuerza de Buck y creía que era capaz.
Avea încredere în puterea lui Buck și îl crezuse capabil.
Pero nunca se había enfrentado a un desafío así, no de esta manera.
Dar nu se mai confruntase niciodată cu o astfel de provocare, nu în felul acesta.
Una docena de hombres lo observaban en silencio, esperando ver qué haría.
O duzină de bărbați îl priveau în liniște, așteptând să vadă ce va face.
Él no tenía el dinero, ni tampoco Hans ni Pete.
Nu avea banii — nici Hans, nici Pete.
"Tengo un trineo afuera", dijo Matthewson fría y directamente.
— Am o sanie afară, spuse Matthewson rece și direct.
"Está cargado con veinte sacos de cincuenta libras cada uno, todo de harina.
„E încărcat cu douăzeci de saci, câte cincizeci de livre fiecare, numai făină."
Así que no dejen que un trineo perdido sea su excusa ahora", añadió.
„Așa că nu lăsați ca o sanie pierdută să fie scuza voastră acum", a adăugat el.
Thornton permaneció en silencio. No sabía qué decir.
Thornton a rămas tăcut. Nu știa ce cuvinte să spună.
Miró a su alrededor los rostros sin verlos con claridad.
S-a uitat în jur la fețe fără să le vadă clar.
Parecía un hombre congelado en sus pensamientos, intentando reiniciarse.
Arăta ca un om încremenit în gânduri, încercând să o ia din nou la fugă.
Luego vio a Jim O'Brien, un amigo de la época de Mastodon.
Apoi l-a văzut pe Jim O'Brien, un prieten din zilele Mastodontului.
Ese rostro familiar le dio un coraje que no sabía que tenía.
Chipul acela familiar i-a dat un curaj pe care nici nu știa că îl are.

Se giró y preguntó en voz baja: "¿Puedes prestarme mil?"
S-a întors și a întrebat în șoaptă: „Îmi poți împrumuta o mie?"
"Claro", dijo O'Brien, dejando caer un pesado saco junto al oro.
— Sigur, spuse O'Brien, lăsând deja un sac greu lângă aur.
"Pero la verdad, John, no creo que la bestia pueda hacer esto".
„Dar, sincer să fiu, John, nu cred că fiara poate face așa ceva."
Todos los que estaban en el Eldorado Saloon corrieron hacia afuera para ver el evento.
Toți cei din Saloonul Eldorado s-au grăbit afară să vadă evenimentul.
Abandonaron las mesas y las bebidas, e incluso los juegos se pausaron.
Au lăsat mese și băuturi, ba chiar și jocurile au fost puse pe pauză.
Comerciantes y jugadores acudieron para presenciar el final de la audaz apuesta.
Dealerii și jucătorii au venit să asiste la sfârșitul pariului îndrăzneț.
Cientos de personas se reunieron alrededor del trineo en la calle helada y abierta.
Sute de oameni s-au adunat în jurul saniei pe strada deschisă și înghețată.
El trineo de Matthewson estaba cargado con un montón de sacos de harina.
Sania lui Matthewson stătea cu o încărcătură completă de saci de făină.
El trineo había permanecido parado durante horas a temperaturas bajo cero.
Sania stătuse ore în șir la temperaturi sub zero grade.
Los patines del trineo estaban congelados y pegados a la nieve compacta.
Slide-urile saniei erau înghețate strâns de zăpada tasată.
Los hombres ofrecieron dos a uno de que Buck no podría mover el trineo.

Bărbații ofereau șanse de două la unu ca Buck să nu poată mișca sania.

Se desató una disputa sobre lo que realmente significaba "break out".

A izbucnit o dispută despre ce însemna de fapt „erupție".

O'Brien dijo que Thornton debería aflojar la base congelada del trineo.

O'Brien a spus că Thornton ar trebui să slăbească baza înghețată a saniei.

Buck pudo entonces "escapar" de un comienzo sólido e inmóvil.

Buck putea apoi „să se desprindă" dintr-un început solid, nemișcat.

Matthewson argumentó que el perro también debe liberar a los corredores.

Matthewson a susținut că și câinele trebuie să-i elibereze pe alergători.

Los hombres que habían escuchado la apuesta estuvieron de acuerdo con la opinión de Matthewson.

Bărbații care auziseră pariul au fost de acord cu punctul de vedere al lui Matthewson.

Con esa decisión, las probabilidades aumentaron a tres a uno en contra de Buck.

Odată cu această hotărâre, șansele au crescut la trei la unu împotriva lui Buck.

Nadie se animó a asumir las crecientes probabilidades de tres a uno.

Nimeni nu a făcut un pas înainte pentru a accepta cotele crescânde de trei la unu.

Ningún hombre creyó que Buck pudiera realizar la gran hazaña.

Niciun om nu credea că Buck poate realiza marea ispravă.

Thornton se había apresurado a hacer la apuesta, cargado de dudas.

Thornton fusese implicat în pariu în grabă, copleșit de îndoieli.

Ahora miró el trineo y el equipo de diez perros que estaba a su lado.
Acum se uita la sanie și la perechea de zece câini de lângă ea.
Ver la realidad de la tarea la hizo parecer más imposible.
Văzând realitatea sarcinii, aceasta părea și mai imposibilă.
Matthewson estaba lleno de orgullo y confianza en ese momento.
Matthewson era plin de mândrie și încredere în acel moment.
—¡Tres a uno! —gritó—. ¡Apuesto mil más, Thornton!
„Trei la unu!", a strigat el. „Pun pariu pe încă o mie, Thornton!"
"¿Qué dices?" añadió lo suficientemente alto para que todos lo oyeran.
„Ce spui?", a adăugat el, suficient de tare ca să audă toată lumea.
El rostro de Thornton mostraba sus dudas, pero su ánimo se había elevado.
Fața lui Thornton îi citea îndoielile, dar moralul îi crescuse.
Ese espíritu de lucha ignoraba las probabilidades y no temía a nada en absoluto.
Acel spirit de luptă ignora adversitățile și nu se temea de nimic.
Llamó a Hans y Pete para que trajeran todo su dinero a la mesa.
I-a chemat pe Hans și Pete să le aducă toți banii la masă.
Les quedaba poco: sólo doscientos dólares en total.
Le-a mai rămas puțin – doar două sute de dolari la un loc.
Esta pequeña suma constituía su fortuna total en tiempos difíciles.
Această mică sumă a fost averea lor totală în vremuri grele.
Aún así, apostaron toda su fortuna contra la apuesta de Matthewson.
Totuși, au pus toată averea la pariul lui Matthewson.
El equipo de diez perros fue desenganchado y se alejó del trineo.
Perechea de zece câini a fost dehamată și s-a îndepărtat de sanie.

Buck fue colocado en las riendas, vistiendo su arnés familiar.
Buck a fost așezat în frâie, purtând hamul său familiar.
Había captado la energía de la multitud y sentía la tensión.
Prinsese energia mulțimii și simțise tensiunea.
De alguna manera, sabía que tenía que hacer algo por John Thornton.
Cumva, știa că trebuie să facă ceva pentru John Thornton.
La gente murmuraba con admiración ante la orgullosa figura del perro.
Oamenii murmurau cu admirație la vederea siluetei mândre a câinelui.
Era delgado y fuerte, sin un solo gramo de carne extra.
Era suplu și puternic, fără niciun gram de carne în plus.
Su peso total de ciento cincuenta libras era todo potencia y resistencia.
Greutatea sa totală de o sută cincizeci de kilograme era numai putere și rezistență.
El pelaje de Buck brillaba como la seda, espeso y saludable.
Haina lui Buck strălucea ca mătasea, bogată în sănătate și putere.
El pelaje a lo largo de su cuello y hombros pareció levantarse y erizarse.
Blana de pe gâtul și umerii lui părea să se ridice și să se zbârlească.
Su melena se movía levemente, cada cabello vivo con su gran energía.
Coama i se mișca ușor, fiecare fir de păr vibrând de energia lui imensă.
Su pecho ancho y sus piernas fuertes hacían juego con su cuerpo pesado y duro.
Pieptul său lat și picioarele puternice se potriveau cu silueta sa grea și rezistentă.
Los músculos se ondulaban bajo su abrigo, tensos y firmes como hierro.
Mușchii i se unduiau sub haină, încordați și fermi ca fierul legat.

Los hombres lo tocaron y juraron que estaba construido como una máquina de acero.
Bărbații l-au atins și au jurat că era construit ca o mașină de oțel.

Las probabilidades bajaron levemente a dos a uno contra el gran perro.
Cotele au scăzut ușor la două la unu împotriva marelui câine.

Un hombre de los bancos Skookum se adelantó, tartamudeando.
Un bărbat de pe Băncile Skookum se împinse înainte, bâlbâindu-se.

—¡Bien, señor! ¡Ofrezco ochocientas libras por él, antes del examen, señor!
„Bine, domnule! Ofer opt sute pentru el... înainte de test, domnule!"

"¡Ochocientos, tal como está ahora mismo!" insistió el hombre.
„Opt sute, așa cum stă el acum!", a insistat bărbatul.

Thornton dio un paso adelante, sonrió y meneó la cabeza con calma.
Thornton a făcut un pas înainte, a zâmbit și a clătinat calm din cap.

Matthewson intervino rápidamente con una voz de advertencia y el ceño fruncido.
Matthewson a intervenit rapid cu o voce de avertizare și încruntându-se.

—Debes alejarte de él —dijo—. Dale espacio.
„Trebuie să te îndepărtezi de el", a spus el. „Dă-i spațiu."

La multitud quedó en silencio; sólo los jugadores seguían ofreciendo dos a uno.
Mulțimea a tăcut; doar jucătorii mai ofereau doi la unu.

Todos admiraban la complexión de Buck, pero la carga parecía demasiado grande.
Toată lumea admira constituția lui Buck, dar încărcătura părea prea mare.

Veinte sacos de harina, cada uno de cincuenta libras de peso, parecían demasiados.

Douăzeci de saci de făină – fiecare cântărind cincisprezece kilograme – păreau mult prea mult.
Nadie estaba dispuesto a abrir su bolsa y arriesgar su dinero.
Nimeni nu era dispus să-și deschidă punga și să-și riște banii.
Thornton se arrodilló junto a Buck y tomó su cabeza con ambas manos.
Thornton a îngenuncheat lângă Buck și i-a luat capul în ambele mâini.
Presionó su mejilla contra la de Buck y le habló al oído.
Și-a lipit obrazul de al lui Buck și i-a vorbit la ureche.
Ya no había apretones juguetones ni susurros de insultos amorosos.
Acum nu se mai auzea nicio scuturare jucăușă sau orice insultă iubitoare șoptită.
Él sólo murmuró suavemente: "Tanto como me amas, Buck".
El a murmurat doar încet: „Oricât de mult mă iubești, Buck."
Buck dejó escapar un gemido silencioso, su entusiasmo apenas fue contenido.
Buck a scos un geamăt înăbușit, nerăbdarea sa abia stăpânită.
Los espectadores observaron con curiosidad cómo la tensión llenaba el aire.
Privitorii au privit cu curiozitate cum tensiunea umplea aerul.
El momento parecía casi irreal, como algo más allá de la razón.
Momentul părea aproape ireal, ca ceva dincolo de rațiune.
Cuando Thornton se puso de pie, Buck tomó suavemente su mano entre sus mandíbulas.
Când Thornton se ridică în picioare, Buck îi luă ușor mâna în fălci.
Presionó con los dientes y luego lo soltó lenta y suavemente.
A apăsat cu dinții, apoi a eliberat încet și ușor.
Fue una respuesta silenciosa de amor, no dicha, pero entendida.
A fost un răspuns tăcut al iubirii, nu rostit, ci înțeles.
Thornton se alejó bastante del perro y dio la señal.
Thornton se îndepărtă mult de câine și dădu semnalul.

—Ahora, Buck —dijo, y Buck respondió con calma y concentración.
„Acum, Buck", a spus el, iar Buck a răspuns cu un calm concentrat.
Buck apretó las correas y luego las aflojó unos centímetros.
Buck a strâns șinele, apoi le-a slăbit cu câțiva centimetri.
Éste era el método que había aprendido; su manera de romper el trineo.
Aceasta era metoda pe care o învățase; felul lui de a sparge sania.
—¡Caramba! —gritó Thornton con voz aguda en el pesado silencio.
„Uau!" a strigat Thornton, cu vocea ascuțită în tăcerea apăsătoare.
Buck giró hacia la derecha y se lanzó con todo su peso.
Buck s-a întors spre dreapta și s-a aruncat cu toată greutatea.
La holgura desapareció y la masa total de Buck golpeó las cuerdas apretadas.
Slaba a dispărut, iar întreaga masă a lui Buck a lovit șinele înguste.
El trineo tembló y los patines produjeron un crujido crujiente.
Sania tremura, iar patinele scoteau un sunet ascuțit de trosnet.
—¡Ja! —ordenó Thornton, cambiando nuevamente la dirección de Buck.
„Ha!" a comandat Thornton, schimbându-i din nou direcția lui Buck.
Buck repitió el movimiento, esta vez tirando bruscamente hacia la izquierda.
Buck repetă mișcarea, de data aceasta trăgând brusc spre stânga.
El trineo crujió más fuerte y los patines crujieron y se movieron.
Sania trosni mai tare, glisierele pocnind și mișcându-se.
La pesada carga se deslizó ligeramente hacia un lado sobre la nieve congelada.
Încărcătura grea a alunecat ușor în lateral pe zăpada înghețată.

¡El trineo se había soltado del sendero helado!
Sania se eliberase din strânsoarea potecii înghețate!
Los hombres contenían la respiración, sin darse cuenta de que ni siquiera estaban respirando.
Bărbații și-au ținut respirația, fără să-și dea seama că nici măcar nu respirau.
—¡Ahora, TIRA! —gritó Thornton a través del silencio helado.
„Acum, TRAGE!" a strigat Thornton prin tăcerea înghețată.
La orden de Thornton sonó aguda, como el chasquido de un látigo.
Comanda lui Thornton a răsunat ascuțit, ca pocnetul unui bici.
Buck se lanzó hacia adelante con una estocada feroz y estremecedora.
Buck s-a aruncat înainte cu o lovitură feroce și zdruncinată.
Todo su cuerpo se tensó y se arrugó por la enorme tensión.
Întregul său corp s-a încordat și s-a contractat pentru efortul imens.
Los músculos se ondulaban bajo su pelaje como serpientes que cobraban vida.
Mușchii i se unduiau sub blană ca niște șerpi care prindeau viață.
Su gran pecho estaba bajo y la cabeza estirada hacia delante, hacia el trineo.
Pieptul său lat era jos, cu capul întins înainte, spre sanie.
Sus patas se movían como un rayo y sus garras cortaban el suelo helado.
Labele lui se mișcau ca fulgerul, ghearele sfâșiind pământul înghețat.
Los surcos se abrieron profundos mientras luchaba por cada centímetro de tracción.
Șanțurile erau adânci în timp ce se lupta pentru fiecare centimetru de aderență.
El trineo se balanceó, tembló y comenzó un movimiento lento e inquieto.
Sania se legăna, tremura și începu o mișcare lentă și neliniștită.

Un pie resbaló y un hombre entre la multitud gimió en voz alta.
Un picior a alunecat, iar un bărbat din mulțime a gemut tare.
Entonces el trineo se lanzó hacia adelante con un movimiento brusco y espasmódico.
Apoi sania s-a năpustit înainte cu o mișcare bruscă și smucită.
No se detuvo de nuevo: media pulgada... una pulgada... dos pulgadas más.
Nu s-a mai oprit — încă un centimetru... un centimetru... cinci centimetri.
Los tirones se hicieron más pequeños a medida que el trineo empezó a ganar velocidad.
Smuciturile s-au micșorat pe măsură ce sania a început să prindă viteză.
Pronto Buck estaba tirando con una potencia suave, uniforme y rodante.
Curând, Buck trăgea cu o putere lină, uniformă și de rostogolire.
Los hombres jadearon y finalmente recordaron respirar de nuevo.
Bărbații au gâfâit și, în sfârșit, și-au amintit să respire din nou.
No se habían dado cuenta de que su respiración se había detenido por el asombro.
Nu observaseră că li se oprise respirația de uimire.
Thornton corrió detrás, gritando órdenes breves y alegres.
Thornton alerga în spate, strigând comenzi scurte și vesele.
Más adelante había una pila de leña que marcaba la distancia.
În față se afla o grămadă de lemne de foc care marca distanța.
A medida que Buck se acercaba a la pila, los vítores se hacían cada vez más fuertes.
Pe măsură ce Buck se apropia de grămadă, uralele deveneau din ce în ce mai puternice.
Los aplausos aumentaron hasta convertirse en un rugido cuando Buck pasó el punto final.
Uralele s-au transformat într-un vuiet când Buck a trecut de punctul final.

Los hombres saltaron y gritaron, incluso Matthewson sonrió.
Bărbații au sărit și au țipat, chiar și Matthewson a izbucnit într-un rânjet.
Los sombreros volaron por el aire y los guantes fueron arrojados sin pensar ni rumbo.
Pălăriile zburau în aer, mănușile erau aruncate fără gânduri sau țintiri.
Los hombres se abrazaron y se dieron la mano sin saber a quién.
Bărbații se apucau unii de alții și își dădeau mâna fără să știe cine.
Toda la multitud vibró en una celebración salvaje y alegre.
Toată mulțimea zumzăia într-o sărbătoare sălbatică și veselă.
Thornton cayó de rodillas junto a Buck con manos temblorosas.
Thornton a căzut în genunchi lângă Buck, cu mâinile tremurânde.
Apretó su cabeza contra la de Buck y lo sacudió suavemente hacia adelante y hacia atrás.
Și-a lipit capul de al lui Buck și l-a clătinat ușor înainte și înapoi.
Los que se acercaron le oyeron maldecir al perro con silencioso amor.
Cei care s-au apropiat l-au auzit blestemând câinele cu o dragoste tăcută.
Maldijo a Buck durante un largo rato, suavemente, cálidamente, con emoción.
L-a înjurat pe Buck mult timp – încet, călduros, cu emoție.
—¡Bien, señor! ¡Bien, señor! —gritó el rey del Banco Skookum a toda prisa.
„Bine, domnule! Bine, domnule!", a strigat în grabă regele Băncii Skookum.
—¡Le daré mil, no, mil doscientos, por ese perro, señor!
„Îți dau o mie — nu, o mie două sute — pentru câinele ăla, domnule!"
Thornton se puso de pie lentamente, con los ojos brillantes de emoción.

Thornton se ridică încet în picioare, cu ochii strălucind de emoție.
Las lágrimas corrían abiertamente por sus mejillas sin ninguna vergüenza.
Lacrimile i se prelingeau șiroaie pe obraji, fără nicio rușine.
"Señor", le dijo al rey del Banco Skookum, firme y firme.
„Domnule", i-a spus el regelui Băncii Skookum, calm și ferm
—No, señor. Puede irse al infierno, señor. Esa es mi última respuesta.
„Nu, domnule. Puteți merge dracului, domnule. Acesta este răspunsul meu final."
Buck agarró suavemente la mano de Thornton con sus fuertes mandíbulas.
Buck apucă ușor mâna lui Thornton în fălcile sale puternice.
Thornton lo sacudió juguetonamente; su vínculo era más profundo que nunca.
Thornton îl scutură în joacă, legătura lor fiind ca întotdeauna profundă.
La multitud, conmovida por el momento, retrocedió en silencio.
Mulțimea, mișcată de moment, s-a retras în tăcere.
Desde entonces nadie se atrevió a interrumpir tan sagrado afecto.
De atunci încolo, nimeni nu a mai îndrăznit să întrerupă o astfel de afecțiune sacră.

El sonido de la llamada
Sunetul apelului

Buck había ganado mil seiscientos dólares en cinco minutos.
Buck câștigase o mie șase sute de dolari în cinci minute.
El dinero permitió a John Thornton pagar algunas de sus deudas.
Banii i-au permis lui John Thornton să-și achite o parte din datorii.
Con el resto del dinero se dirigió al Este con sus socios.
Cu restul banilor, s-a îndreptat spre est împreună cu partenerii săi.
Buscaban una legendaria mina perdida, tan antigua como el país mismo.
Au căutat o mină pierdută despre care se spunea, la fel de veche ca țara însăși.
Muchos hombres habían buscado la mina, pero pocos la habían encontrado.
Mulți bărbați căutaseră mina, dar puțini o găsiseră vreodată.
Más de unos pocos hombres habían desaparecido durante la peligrosa búsqueda.
Mai mult de câțiva bărbați dispăruseră în timpul periculoasei căutări.
Esta mina perdida estaba envuelta en misterio y vieja tragedia.
Această mină pierdută era învăluită atât în mister, cât și în tragedie veche.
Nadie sabía quién había sido el primer hombre que encontró la mina.
Nimeni nu știa cine fusese primul om care găsise mina.
Las historias más antiguas no mencionan a nadie por su nombre.
Cele mai vechi povești nu menționează pe nimeni pe nume.
Siempre había habido allí una antigua y destartalada cabaña.
Întotdeauna fusese acolo o cabană veche și dărăpănată.

Los hombres moribundos habían jurado que había una mina al lado de aquella vieja cabaña.
Nişte muribunzi juraseră că lângă vechea cabană se afla o mină.
Probaron sus historias con oro como ningún otro en ningún otro lugar.
Și-au dovedit poveștile cu aur cum nu s-a găsit altundeva.
Ningún alma viviente había jamás saqueado el tesoro de aquel lugar.
Niciun suflet viu nu jefuise vreodată comoara din locul acela.
Los muertos estaban muertos, y los muertos no cuentan historias.
Morții erau morți, iar morții nu spun povești.
Entonces Thornton y sus amigos se dirigieron al Este.
Așa că Thornton și prietenii săi s-au îndreptat spre est.
Pete y Hans se unieron, trayendo a Buck y seis perros fuertes.
Pete și Hans s-au alăturat, aducând Buck și șase câini voinici.
Se embarcaron en un camino desconocido donde otros habían fracasado.
Au pornit pe un drum necunoscut, unde alții eșuaseră.
Se deslizaron en trineo setenta millas por el congelado río Yukón.
Au mers cu sania șaptezeci de mile pe râul Yukon înghețat.
Giraron a la izquierda y siguieron el sendero hacia Stewart.
Au virat la stânga și au urmat poteca spre Stewart.
Pasaron Mayo y McQuestion y siguieron adelante.
Au trecut de străzile Mayo și McQuestion, înaintând mai departe.
El río Stewart se encogió y se convirtió en un arroyo, atravesando picos irregulares.
Râul Stewart se micșora într-un pârâu, șerpuind vârfuri zimțate.
Estos picos afilados marcaban la columna vertebral del continente.
Aceste vârfuri ascuțite marcau însăși coloana vertebrală a continentului.

John Thornton exigía poco a los hombres y a la tierra salvaje.
John Thornton a cerut puțin de la oameni sau de la pământul sălbatic.
No temía a nada de la naturaleza y se enfrentaba a lo salvaje con facilidad.
Nu se temea de nimic în natură și înfrunta sălbăticia cu ușurință.
Con sólo sal y un rifle, podría viajar a donde quisiera.
Doar cu sare și o pușcă, putea călători oriunde dorea.
Al igual que los nativos, cazaba alimentos mientras viajaba.
La fel ca băștinașii, el vâna hrană în timp ce călătoria.
Si no pescaba nada, seguía adelante, confiando en que la suerte le acompañaría.
Dacă nu prindea nimic, continua să meargă, având încredere în norocul care-i dădea înainte.
En este largo viaje, la carne era lo principal que comían.
În această lungă călătorie, carnea a fost principalul lucru pe care l-au mâncat.
El trineo contenía herramientas y municiones, pero no un horario estricto.
Sania conținea unelte și muniție, dar niciun program strict.
A Buck le encantaba este vagabundeo, la caza y la pesca interminables.
Lui Buck îi plăcea această rătăcire; vânătoarea și pescuitul nesfârșite.
Durante semanas estuvieron viajando día tras día.
Timp de săptămâni întregi, au călătorit zi după zi.
Otras veces montaban campamentos y permanecían allí durante semanas.
Alteori își făceau tabere și stăteau nemișcați săptămâni întregi.
Los perros descansaron mientras los hombres cavaban en la tierra congelada.
Câinii s-au odihnit în timp ce bărbații săpau prin pământ înghețat.
Calentaron sartenes sobre el fuego y buscaron oro escondido.
Au încălzit tigăi la foc și au căutat aur ascuns.

Algunos días pasaban hambre y otros días tenían fiestas.
În unele zile mureau de foame, iar în alte zile aveau ospățuri.
Sus comidas dependían de la presa y de la suerte de la caza.
Mâncarea lor depindea de vânat și de norocul vânătorii.
Cuando llegaba el verano, los hombres y los perros cargaban cargas sobre sus espaldas.
Când venea vara, bărbații și câinii își încărcau povara în spate.
Navegaron por lagos azules escondidos en bosques de montaña.
Au plutit peste lacuri albastre ascunse în pădurile de munte.
Navegaban en delgadas embarcaciones por ríos que ningún hombre había cartografiado jamás.
Navigau cu bărci subțiri pe râuri pe care niciun om nu le cartografiase vreodată.
Esos barcos se construyeron a partir de árboles que cortaban en la naturaleza.
Acelea bărci au fost construite din copaci pe care i-au tăiat în sălbăticie.

Los meses pasaron y ellos serpentearon por tierras salvajes y desconocidas.
Lunile au trecut, iar ei s-au strecurat prin ținuturi sălbatice și necunoscute.
No había hombres allí, aunque había rastros antiguos que indicaban que había habido hombres.
Nu erau bărbați acolo, totuși urme vechi sugerau că fuseseră și alți oameni.
Si la Cabaña Perdida fue real, entonces otras personas habían pasado por allí alguna vez.
Dacă Cabana Pierdută exista reală, atunci și alții veniseră odată pe aici.
Cruzaron pasos altos en medio de tormentas de nieve, incluso en verano.
Au traversat trecători înalte în timpul viscolului, chiar și vara.
Temblaban bajo el sol de medianoche en las laderas desnudas de las montañas.

Tremurau sub soarele de la miezul nopții, pe pantele goale ale
munților.
**Entre la línea de árboles y los campos de nieve, subieron
lentamente.**
Între linia copacilor și câmpurile de zăpadă, au urcat încet.
**En los valles cálidos, aplastaban nubes de mosquitos y
moscas.**
În văile calde, au lovit nori de țânțari și muște.
**Recogieron bayas dulces cerca de los glaciares en plena
floración del verano.**
Au cules fructe de pădure dulci lângă ghețari în plină floare
de vară.
**Las flores que encontraron eran tan hermosas como las de las
Tierras del Sur.**
Florile pe care le-au găsit erau la fel de frumoase ca cele din
Southland.
**Ese otoño llegaron a una región solitaria llena de lagos
silenciosos.**
În toamna aceea, au ajuns într-o regiune pustie, plină de lacuri
tăcute.
**La tierra estaba triste y vacía, una vez llena de pájaros y
bestias.**
Țara era tristă și goală, odinioară plină de păsări și fiare.
**Ahora no había vida, sólo el viento y el hielo formándose en
charcos.**
Acum nu mai exista viață, doar vântul și gheața care se
formau în bălți.
**Las olas golpeaban las orillas vacías con un sonido suave y
triste.**
Valurile se loveau de țărmurile pustii cu un sunet blând și
trist.

**Llegó otro invierno y volvieron a seguir los viejos y tenues
senderos.**
A venit o altă iarnă, și au urmat din nou poteci vechi și vagi.
**Éstos eran los rastros de hombres que habían buscado
mucho antes que ellos.**

Acestea erau urmele oamenilor care căutaseră cu mult înaintea lor.
Un día encontraron un camino que se adentraba profundamente en el bosque oscuro.
Odată ce au găsit o cărare care se adâncea în pădurea întunecată.
Era un sendero antiguo y sintieron que la cabaña perdida estaba cerca.
Era o potecă veche, iar ei simțeau că cabana pierdută era aproape.
Pero el sendero no conducía a ninguna parte y se perdía en el espeso bosque.
Dar poteca nu ducea nicăieri și se pierdea în pădurea deasă.
Nadie sabe quién hizo el sendero ni por qué lo hizo.
Oricine ar fi făcut poteca și de ce a făcut-o, nimeni nu știa.
Más tarde encontraron los restos de una cabaña escondidos entre los árboles.
Mai târziu, au găsit epava unei cabane ascunsă printre copaci.
Mantas podridas yacían esparcidas donde alguna vez alguien había dormido.
Pături putrede zăceau împrăștiate acolo unde dormise odată cineva.
John Thornton encontró una pistola de chispa de cañón largo enterrada en el interior.
John Thornton a găsit o armă cu silex cu țeavă lungă îngropată înăuntru.
Sabía que se trataba de un cañón de la Bahía de Hudson desde los primeros días de su comercialización.
Știa că era o armă din Hudson Bay încă din primele zile de tranzacționare.
En aquella época, estas armas se intercambiaban por montones de pieles de castor.
Pe vremea aceea, astfel de arme erau schimbate pe teancuri de piei de castor.
Eso fue todo: no quedó ninguna pista del hombre que construyó el albergue.

Asta a fost tot — nu a mai rămas niciun indiciu despre omul care a construit cabana.

Llegó nuevamente la primavera y no encontraron ninguna señal de la Cabaña Perdida.
Primăvara a venit din nou și n-au găsit nicio urmă a Cabanei Pierdute.
En lugar de eso encontraron un valle amplio con un arroyo poco profundo.
În schimb, au găsit o vale largă cu un pârâu puțin adânc.
El oro se extendía sobre el fondo de las sartenes como mantequilla suave y amarilla.
Aurul se întindea pe fundul tigăilor ca untul neted și galben.
Se detuvieron allí y no buscaron más la cabaña.
S-au oprit acolo și n-au mai căutat cabana.
Cada día trabajaban y encontraban miles en polvo de oro.
În fiecare zi lucrau și găseau mii în praf de aur.
Empaquetaron el oro en bolsas de piel de alce, de cincuenta libras cada una.
Au împachetat aurul în saci de piele de elan, câte cincizeci de lire fiecare.
Las bolsas estaban apiladas como leña afuera de su pequeña cabaña.
Sacii erau stivuiți ca lemnele de foc în fața micii lor cabane.
Trabajaron como gigantes y los días pasaban como sueños rápidos.
Munceau ca niște giganți, iar zilele treceau ca niște vise rapide.
Acumularon tesoros a medida que los días interminables transcurrían rápidamente.
Au adunat comori pe măsură ce zilele nesfârșite treceau cu repeziciune.
Los perros no tenían mucho que hacer excepto transportar carne de vez en cuando.
Câinii nu aveau prea multe de făcut în afară de a căra carne din când în când.
Thornton cazó y mató el animal, y Buck se quedó tendido junto al fuego.

Thornton a vânat și a ucis prada, iar Buck stătea lângă foc.
Pasó largas horas en silencio, perdido en sus pensamientos y recuerdos.
A petrecut ore întregi în tăcere, pierdut în gânduri și amintiri.
La imagen del hombre peludo venía cada vez más a la mente de Buck.
Imaginea bărbatului păros îi venea mai des în minte lui Buck.
Ahora que el trabajo escaseaba, Buck soñaba mientras parpadeaba ante el fuego.
Acum că de lucru era rar, Buck visa în timp ce clipea la foc.
En esos sueños, Buck vagaba con el hombre en otro mundo.
În acele vise, Buck rătăcea cu bărbatul într-o altă lume.
El miedo parecía el sentimiento más fuerte en ese mundo distante.
Frica părea cel mai puternic sentiment în acea lume îndepărtată.
Buck vio al hombre peludo dormir con la cabeza gacha.
Buck l-a văzut pe bărbatul păros dormind cu capul plecat.
Tenía las manos entrelazadas y su sueño era inquieto y entrecortado.
Avea mâinile împreunate, iar somnul îi era agitat și întrerupt.
Solía despertarse sobresaltado y mirar con miedo hacia la oscuridad.
Obișnuia să se trezească brusc și să se uite cu frică în întuneric.
Luego echaba más leña al fuego para mantener la llama brillante.
Apoi arunca mai multe lemne în foc ca să mențină flacăra aprinsă.
A veces caminaban por una playa junto a un mar gris e interminable.
Uneori mergeau de-a lungul unei plaje, lângă o mare cenușie și nesfârșită.
El hombre peludo recogía mariscos y los comía mientras caminaba.
Bărbatul păros culegea crustacee și le mânca în timp ce mergea.
Sus ojos buscaban siempre peligros ocultos en las sombras.

Ochii lui căutau mereu pericole ascunse în umbră.
Sus piernas siempre estaban listas para correr ante la primera señal de amenaza.
Picioarele lui erau mereu gata să sprinteze la primul semn de amenințare.
Se arrastraron por el bosque, silenciosos y cautelosos, uno al lado del otro.
S-au strecurat prin pădure, tăcuți și precauți, unul lângă altul.
Buck lo siguió de cerca y ambos se mantuvieron alerta.
Buck l-a urmat, iar amândoi au rămas atenți.
Sus orejas se movían y temblaban, sus narices olfateaban el aire.
Urechile li se zvâcneau și se mișcau, nasurile le adulmecau aerul.
El hombre podía oír y oler el bosque tan agudamente como Buck.
Bărbatul putea auzi și mirosi pădurea la fel de ascuțit ca Buck.
El hombre peludo se balanceó entre los árboles con una velocidad repentina.
Bărbatul păros se legănă printre copaci cu o viteză bruscă.
Saltaba de rama en rama sin perder nunca su agarre.
A sărit din creangă în creangă, fără să-și piardă niciodată strânsoarea.
Se movió tan rápido sobre el suelo como sobre él.
Se mișca la fel de repede deasupra pământului pe cât se mișca pe el.
Buck recordó las largas noches bajo los árboles, haciendo guardia.
Buck își amintea nopțile lungi petrecute sub copaci, stând de veghe.
El hombre dormía recostado en las ramas, aferrado fuertemente.
Bărbatul dormea cocoțat în crengi, agățat strâns.
Esta visión del hombre peludo estaba estrechamente ligada al llamado profundo.
Această viziune a bărbatului păros era strâns legată de chemarea profundă.

El llamado aún resonaba en el bosque con una fuerza inquietante.
Chemarea încă răsuna prin pădure cu o forță tulburătoare.
La llamada llenó a Buck de anhelo y una inquieta sensación de alegría.
Apelul l-a umplut pe Buck de dor și de un sentiment neliniștit de bucurie.
Sintió impulsos y agitaciones extrañas que no podía nombrar.
Simțea impulsuri și impulsuri ciudate pe care nu le putea numi.
A veces seguía la llamada hasta lo profundo del tranquilo bosque.
Uneori urma chemarea adânc în liniștea pădurii.
Buscó el llamado, ladrando suave o agudamente mientras caminaba.
A căutat chemarea, lătrând încet sau ascuțit pe măsură ce mergea.
Olfateó el musgo y la tierra negra donde crecían las hierbas.
A adulmecat mușchiul și pământul negru unde creștea ierburile.
Resopló de alegría ante los ricos olores de la tierra profunda.
A pufnit de încântare la vederea mirosurilor bogate ale adâncurilor pământului.
Se agazapó durante horas detrás de troncos cubiertos de hongos.
A stat ghemuit ore în șir în spatele unor trunchiuri acoperite de ciuperci.
Se quedó quieto, escuchando con los ojos muy abiertos cada pequeño sonido.
A rămas nemișcat, ascultând cu ochii mari fiecare sunet minuscul.
Quizás esperaba sorprender al objeto que le había hecho el llamado.
Poate că spera să surprindă creatura care dăduse apelul.
Él no sabía por qué actuaba así: simplemente lo hacía.
Nu știa de ce se comporta așa – pur și simplu știa.

Los impulsos venían desde lo más profundo, más allá del pensamiento o la razón.
Impulsurile veneau din adâncul sufletului, dincolo de gândire sau rațiune.
Impulsos irresistibles se apoderaron de Buck sin previo aviso ni razón.
Niște impulsuri irezistibile l-au cuprins pe Buck fără avertisment sau motiv.
A veces dormitaba perezosamente en el campamento bajo el calor del mediodía.
Uneori moțăia leneș în tabără, sub căldura amiezii.
De repente, su cabeza se levantó y sus orejas se levantaron en alerta.
Deodată, își ridică capul și urechile i se ridică în alertă.
Entonces se levantó de un salto y se lanzó hacia lo salvaje sin detenerse.
Apoi a sărit în sus și a năvălit în sălbăticie fără oprire.
Corrió durante horas por senderos forestales y espacios abiertos.
A alergat ore în șir prin cărări de pădure și spații deschise.
Le encantaba seguir los lechos de los arroyos secos y espiar a los pájaros en los árboles.
Îi plăcea să urmeze albiile secate ale pârâurilor și să spioneze păsările din copaci.
Podría permanecer escondido todo el día, mirando a las perdices pavonearse.
Putea sta ascuns toată ziua, privind potârnichile cum se plimbă țanțoș.
Ellos tamborilearon y marcharon, sin percatarse de la presencia todavía de Buck.
Băteau tobe și mărșăluiau, fără să-și dea seama de prezența nemișcată a lui Buck.
Pero lo que más le gustaba era correr al atardecer en verano.
Dar ceea ce iubea cel mai mult era să alerge la amurg, vara.
La tenue luz y los sonidos soñolientos del bosque lo llenaron de alegría.

Lumina slabă și sunetele somnoroase ale pădurii îl umpleau de bucurie.
Leyó las señales del bosque tan claramente como un hombre lee un libro.
Citea indicatoarele pădurii la fel de clar cum citește un om o carte.
Y siempre buscaba aquella cosa extraña que lo llamaba.
Și a căutat mereu lucrul ciudat care îl chema.
Ese llamado nunca se detuvo: lo alcanzaba despierto o dormido.
Acea chemare nu se oprea niciodată – ajungea la el fie că era treaz, fie că dormea.

Una noche, se despertó sobresaltado, con los ojos alerta y las orejas alerta.
Într-o noapte, s-a trezit tresărind, cu ochii ageri și urechile ciulite.
Sus fosas nasales se crisparon mientras su melena se erizaba en ondas.
Nările i-au tresărit în timp ce coama i se zbârlea în valuri.
Desde lo profundo del bosque volvió a oírse el sonido, el viejo llamado.
Din adâncul pădurii s-a auzit din nou sunetul, vechea chemare.
Esta vez el sonido sonó claro, un aullido largo, inquietante y familiar.
De data aceasta, sunetul a răsunat clar, un urlet lung, tulburător, familiar.
Era como el grito de un husky, pero extraño y salvaje en tono.
Era ca țipătul unui husky, dar ciudat și sălbatic ca ton.
Buck reconoció el sonido al instante: había oído exactamente el mismo sonido hacía mucho tiempo.
Buck a recunoscut sunetul imediat – auzise exact sunetul cu mult timp în urmă.
Saltó a través del campamento y desapareció rápidamente en el bosque.

A sărit prin tabără și a dispărut repede în pădure.
A medida que se acercaba al sonido, disminuyó la velocidad y se movió con cuidado.
Pe măsură ce se apropia de sunet, încetini și se mișcă cu grijă.
Pronto llegó a un claro entre espesos pinos.
Curând a ajuns într-o poiană printre pini deși.
Allí, erguido sobre sus cuartos traseros, estaba sentado un lobo de bosque alto y delgado.
Acolo, drept pe vine, ședea un lup de pădure înalt și slab.
La nariz del lobo apuntaba hacia el cielo, todavía haciendo eco del llamado.
Botul lupului era îndreptat spre cer, repetând în continuare chemarea.
Buck no había emitido ningún sonido, pero el lobo se detuvo y escuchó.
Buck nu scosese niciun sunet, totuși lupul se opri și ascultă.
Sintiendo algo, el lobo se tensó y buscó en la oscuridad.
Simțind ceva, lupul se încordă, scrutând întunericul.
Buck apareció sigilosamente, con el cuerpo agachado y los pies quietos sobre el suelo.
Buck a apărut strecurat în câmpul vizual, cu corpul aplecat și picioarele liniștite pe pământ.
Su cola estaba recta y su cuerpo enroscado por la tensión.
Coada lui era dreaptă, iar corpul îi era încordat de tensiune.
Mostró al mismo tiempo una amenaza y una especie de amistad ruda.
A arătat atât amenințare, cât și un fel de prietenie dură.
Fue el saludo cauteloso que compartían las bestias salvajes.
Era salutul prudent împărtășit de fiarele sălbatice.
Pero el lobo se dio la vuelta y huyó tan pronto como vio a Buck.
Dar lupul s-a întors și a fugit imediat ce l-a văzut pe Buck.
Buck lo persiguió, saltando salvajemente, ansioso por alcanzarlo.
Buck l-a urmărit, sărind nebunește, nerăbdător să-l ajungă din urmă.

Siguió al lobo hasta un arroyo seco bloqueado por un atasco de madera.
L-a urmat pe lup într-un pârâu secat, blocat de o înghesuială.
Acorralado, el lobo giró y se mantuvo firme.
Încolțit, lupul s-a întors și a rămas pe poziție.
El lobo gruñó y mordió a su presa como un perro husky atrapado en una pelea.
Lupul a mârâit și a mușcat ca un câine husky prins într-o luptă.
Los dientes del lobo chasquearon rápidamente y su cuerpo se erizó de furia salvaje.
Dinții lupului clănțăneau repede, iar corpul său era plin de furie sălbatică.
Buck no atacó, sino que rodeó al lobo con cautelosa amabilidad.
Buck nu a atacat, ci a înconjurat lupul cu o prietenie precaută.
Intentó bloquear su escape con movimientos lentos e inofensivos.
A încercat să-și blocheze evadarea prin mișcări lente și inofensive.
El lobo estaba cauteloso y asustado: Buck pesaba tres veces más que él.
Lupul era precaut și speriat — Buck îl depășea de trei ori.
La cabeza del lobo apenas llegaba hasta el enorme hombro de Buck.
Capul lupului abia ajungea până la umărul masiv al lui Buck.
Al acecho de un hueco, el lobo salió disparado y la persecución comenzó de nuevo.
Păzind o breșă, lupul a fugit și goana a început din nou.
Varias veces Buck lo acorraló y el baile se repitió.
Buck l-a încolțit de câteva ori, iar dansul s-a repetat.
El lobo estaba delgado y débil, de lo contrario Buck no podría haberlo atrapado.
Lupul era slab și slăbit, altfel Buck nu l-ar fi putut prinde.
Cada vez que Buck se acercaba, el lobo giraba y lo enfrentaba con miedo.

De fiecare dată când Buck se apropia, lupul se întoarse și îl înfrunta plin de frică.
Luego, a la primera oportunidad, se lanzó de nuevo al bosque.
Apoi, la prima ocazie, a fugit din nou în pădure.
Pero Buck no se dio por vencido y finalmente el lobo comenzó a confiar en él.
Dar Buck nu a renunțat și, în cele din urmă, lupul a ajuns să aibă încredere în el.
Olió la nariz de Buck y los dos se pusieron juguetones y alertas.
A adulmecat nasul lui Buck, iar cei doi au devenit jucăuși și alerți.
Jugaban como animales salvajes, feroces pero tímidos en su alegría.
Se jucau ca niște animale sălbatice, feroce, dar timizi în bucuria lor.
Después de un rato, el lobo se alejó trotando con calma y propósito.
După o vreme, lupul a plecat la trap cu o hotărâre calmă.
Le demostró claramente a Buck que tenía la intención de que lo siguieran.
I-a arătat clar lui Buck că intenționa să fie urmărit.
Corrieron uno al lado del otro a través de la penumbra del crepúsculo.
Au alergat unul lângă altul prin bezna amurgului.
Siguieron el lecho del arroyo hasta el desfiladero rocoso.
Au urmat albia pârâului în sus, în defileul stâncos.
Cruzaron una divisoria fría donde había comenzado el arroyo.
Au traversat o despărțitură rece de unde începea pârâul.
En la ladera más alejada encontraron un extenso bosque y numerosos arroyos.
Pe panta îndepărtată au găsit o pădure întinsă și multe pâraie.
Por esta vasta tierra corrieron durante horas sin parar.
Prin acest ținut vast, au alergat ore în șir fără oprire.

El sol salió más alto, el aire se calentó, pero ellos siguieron corriendo.
Soarele s-a ridicat și mai sus, aerul s-a încălzit, dar ei au alergat mai departe.
Buck estaba lleno de alegría: sabía que estaba respondiendo a su llamado.
Buck era cuprins de bucurie – știa că răspundea chemării sale.
Corrió junto a su hermano del bosque, más cerca de la fuente del llamado.
A alergat alături de fratele său din pădure, mai aproape de sursa chemării.
Los viejos sentimientos regresaron, poderosos y difíciles de ignorar.
Vechile sentimente au revenit, puternice și greu de ignorat.
Éstas eran las verdades detrás de los recuerdos de sus sueños.
Acestea erau adevărurile din spatele amintirilor din visele sale.
Todo esto ya lo había hecho antes, en un mundo distante y sombrío.
Mai făcuse toate acestea și înainte, într-o lume îndepărtată și întunecată.
Ahora lo hizo de nuevo, corriendo salvajemente con el cielo abierto encima.
Acum a făcut asta din nou, alergând nebunește sub cerul liber deasupra.
Se detuvieron en un arroyo para beber del agua fría que fluía.
S-au oprit la un pârâu să bea din apa rece care curgea.
Mientras bebía, Buck de repente recordó a John Thornton.
În timp ce bea, Buck și-a amintit brusc de John Thornton.
Se sentó en silencio, desgarrado por la atracción de la lealtad y el llamado.
S-a așezat în tăcere, sfâșiat de atracția loialității și a chemării.
El lobo siguió trotando, pero regresó para impulsar a Buck a seguir adelante.

Lupul a continuat să trapă, dar s-a întors să-l îndemne pe Buck înainte.
Le olisqueó la nariz y trató de convencerlo con gestos suaves.
I-a adulmecat nasul și a încercat să-l îmbrățișeze cu gesturi blânde.
Pero Buck se dio la vuelta y comenzó a regresar por donde había venido.
Dar Buck s-a întors și a pornit înapoi pe drumul pe care venise.
El lobo corrió a su lado durante un largo rato, gimiendo silenciosamente.
Lupul a alergat lângă el mult timp, scâncind în șoaptă.
Luego se sentó, levantó la nariz y dejó escapar un largo aullido.
Apoi s-a așezat, și-a ridicat nasul și a scos un urlet prelung.
Fue un grito triste, que se suavizó cuando Buck se alejó.
A fost un strigăt trist, care s-a înmuiat pe măsură ce Buck se îndepărta.
Buck escuchó mientras el sonido del grito se desvanecía lentamente en el silencio del bosque.
Buck ascultă cum sunetul strigătului se estompa încet în liniștea pădurii.
John Thornton estaba cenando cuando Buck irrumpió en el campamento.
John Thornton mânca cina când Buck a năvălit în tabără.
Buck saltó sobre él salvajemente, lamiéndolo, mordiéndolo y haciéndolo caer.
Buck a sărit asupra lui sălbatic, lingându-l, mușcându-l și trântindu-l la pământ.
Lo derribó, se subió encima y le besó la cara.
L-a trântit, s-a cățărat deasupra și l-a sărutat pe față.
Thornton lo llamó con cariño "hacer el tonto en general".
Thornton numea asta „a te juca pe prostul general" cu afecțiune.
Mientras tanto, maldijo a Buck suavemente y lo sacudió de un lado a otro.

În tot acest timp, l-a înjurat ușor pe Buck și l-a scuturat înainte și înapoi.

Durante dos días y dos noches enteras, Buck no abandonó el campamento ni una sola vez.

Timp de două zile și două nopți întregi, Buck nu a părăsit tabăra nicio dată.

Se mantuvo cerca de Thornton y nunca lo perdió de vista.

A ținut aproape de Thornton și nu l-a pierdut niciodată din vedere.

Lo siguió mientras trabajaba y lo observó mientras comía.

L-a urmat în timp ce lucra și l-a privit în timp ce mânca.

Acompañaba a Thornton con sus mantas por la noche y lo salía cada mañana.

Îl vedea pe Thornton în pături noaptea și afară în fiecare dimineață.

Pero pronto el llamado del bosque regresó, más fuerte que nunca.

Dar curând chemarea pădurii s-a întors, mai puternică ca niciodată.

Buck volvió a inquietarse, agitado por los pensamientos del lobo salvaje.

Buck deveni din nou neliniștit, stârnit de gândurile la lupul sălbatic.

Recordó el terreno abierto y correr uno al lado del otro.

Își amintea de câmpul deschis și de alergarea unul lângă altul.

Comenzó a vagar por el bosque una vez más, solo y alerta.

A început să rătăcească din nou prin pădure, singur și alert.

Pero el hermano salvaje no regresó y el aullido no se escuchó.

Dar fratele sălbatic nu s-a întors și urletul nu s-a auzit.

Buck comenzó a dormir a la intemperie, manteniéndose alejado durante días.

Buck a început să doarmă afară, stând departe zile întregi.

Una vez cruzó la alta divisoria donde había comenzado el arroyo.

Odată ce a traversat despărțitura înaltă de unde începea pârâul.

Entró en la tierra de la madera oscura y de los arroyos anchos y fluidos.
A intrat în ținutul pădurilor întunecate și al pâraielor largi și curgătoare.
Durante una semana vagó en busca de señales del hermano salvaje.
Timp de o săptămână a rătăcit, căutând semne ale fratelui sălbatic.
Mataba su propia carne y viajaba con pasos largos e incansables.
Și-a ucis propria carne și a călătorit cu pași lungi și neobosiți.
Pescaba salmón en un ancho río que llegaba al mar.
El a pescuit somon într-un râu lat care ajungea până la mare.
Allí luchó y mató a un oso negro enloquecido por los insectos.
Acolo, s-a luptat și a ucis un urs negru înnebunit de insecte.
El oso estaba pescando y corrió ciegamente entre los árboles.
Ursul fusese la pescuit și alerga orbește printre copaci.
La batalla fue feroz y despertó el profundo espíritu de lucha de Buck.
Bătălia a fost una aprigă, trezind spiritul de luptă profund al lui Buck.
Dos días después, Buck regresó y encontró glotones en su presa.
Două zile mai târziu, Buck s-a întors să găsească lupini la prada sa.
Una docena de ellos se pelearon con furia y ruidosidad por la carne.
Vreo doisprezece dintre ei s-au certat cu furie pentru carne.
Buck cargó y los dispersó como hojas en el viento.
Buck a năvălit și i-a împrăștiat ca pe frunzele în vânt.
Dos lobos permanecieron atrás, silenciosos, sin vida e inmóviles para siempre.
Doi lupi au rămas în urmă – tăcuți, fără viață și nemișcați pentru totdeauna.
La sed de sangre se hizo más fuerte que nunca.
Setea de sânge a devenit mai puternică ca niciodată.

Buck era un cazador, un asesino, que se alimentaba de criaturas vivas.
Buck era un vânător, un ucigaș, hrănindu-se cu creaturi vii.
Sobrevivió solo, confiando en su fuerza y sus sentidos agudos.
A supraviețuit singur, bazându-se pe puterea și simțurile sale ascuțite.
Prosperó en la naturaleza, donde sólo los más resistentes podían vivir.
A prosperat în sălbăticie, unde doar cei mai rezistenți puteau trăi.
A partir de esto, un gran orgullo surgió y llenó todo el ser de Buck.
Din aceasta, o mare mândrie s-a născut și a umplut întreaga ființă a lui Buck.
Su orgullo se reflejaba en cada uno de sus pasos, en el movimiento de cada músculo.
Mândria lui se vedea în fiecare pas, în unduirea fiecărui mușchi.
Su orgullo era tan claro como sus palabras, y se reflejaba en su manera de comportarse.
Mândria lui era la fel de limpede ca vorbele, vizibilă în felul în care se comporta.
Incluso su grueso pelaje parecía más majestuoso y brillaba más.
Chiar și blana lui groasă arăta mai maiestuoasă și strălucea mai tare.
Buck podría haber sido confundido con un lobo gigante.
Buck ar fi putut fi confundat cu un lup uriaș de pădure.
A excepción del color marrón en el hocico y las manchas sobre los ojos.
Cu excepția maroniei de pe bot și a petelor de deasupra ochilor.
Y la raya blanca de pelo que corría por el centro de su pecho.
Și urmele albe de blană care îi coborau pe mijlocul pieptului.
Era incluso más grande que el lobo más grande de esa feroz raza.

Era chiar mai mare decât cel mai mare lup din acea rasă feroce.
Su padre, un San Bernardo, le dio tamaño y complexión robusta.
Tatăl său, un Saint Bernard, i-a dat statura și constituția masivă.
Su madre, una pastora, moldeó esa masa hasta darle forma de lobo.
Mama sa, o păstoră, i-a dat forma unui lup.
Tenía el hocico largo de un lobo, aunque más pesado y ancho.
Avea botul lung al unui lup, deși mai greu și mai lat.
Su cabeza era la de un lobo, pero construida en una escala enorme y majestuosa.
Capul lui era de lup, dar construit la o scară masivă și maiestuoasă.
La astucia de Buck era la astucia del lobo y de la naturaleza.
Viclenia lui Buck era viclenia lupului și a naturii sălbatice.
Su inteligencia provenía tanto del pastor alemán como del san bernardo.
Inteligența sa provenea atât de la Ciobănesc German, cât și de la Saint-Bernard.
Todo esto, más la dura experiencia, lo convirtieron en una criatura temible.
Toate acestea, plus experiența dură, l-au făcut o creatură înfricoșătoare.
Era tan formidable como cualquier bestia que vagaba por las tierras salvajes del norte.
Era la fel de formidabil ca orice fiară care cutreiera sălbăticia nordică.
Viviendo sólo de carne, Buck alcanzó el máximo nivel de su fuerza.
Trăind doar cu carne, Buck a atins apogeul puterilor sale.
Rebosaba poder y fuerza masculina en cada fibra de él.
Deborda de putere și forță masculină în fiecare fibră a lui.
Cuando Thornton le acarició la espalda, sus pelos brillaron con energía.

Când Thornton și-a mângâiat spatele, firele de păr i-au sclipit de energie.
Cada cabello crujió, cargado con el toque de un magnetismo vivo.
Fiecare fir de păr trosni, încărcat cu atingerea unui magnetism viu.
Su cuerpo y su cerebro estaban afinados al máximo nivel posible.
Corpul și creierul său erau acordate la cea mai fină tonalitate posibilă.
Cada nervio, fibra y músculo trabajaba en perfecta armonía.
Fiecare nerv, fibră și mușchi funcționau în perfectă armonie.
Ante cualquier sonido o visión que requiriera acción, él respondía instantáneamente.
La orice sunet sau imagine care necesita acțiune, răspundea instantaneu.
Si un husky saltaba para atacar, Buck podía saltar el doble de rápido.
Dacă un husky sărea să atace, Buck putea sări de două ori mai repede.
Reaccionó más rápido de lo que los demás pudieron verlo o escuchar.
A reacționat mai repede decât puteau vedea sau auzi alții.
La percepción, la decisión y la acción se produjeron en un momento fluido.
Percepția, decizia și acțiunea, toate au venit într-un moment fluid.
En realidad, estos actos fueron separados, pero demasiado rápidos para notarlos.
În realitate, aceste acte au fost separate, dar prea rapide pentru a fi observate.
Los intervalos entre estos actos fueron tan breves que parecían uno solo.
Atât de scurte au fost pauzele dintre aceste acte, încât păreau ca unul singur.
Sus músculos y su ser eran como resortes fuertemente enrollados.

Mușchii și ființa lui erau ca niște arcuri încolăcite strâns.
Su cuerpo rebosaba de vida, salvaje y alegre en su poder.
Corpul său era plin de viață, sălbatic și vesel în puterea sa.
A veces sentía como si la fuerza fuera a estallar fuera de él por completo.
Uneori simțea că forța urma să izbucnească cu totul din el.
"Nunca vi un perro así", dijo Thornton un día tranquilo.
„N-a mai existat niciodată un astfel de câine", a spus Thornton într-o zi liniștită.
Los socios observaron a Buck alejarse orgullosamente del campamento.
Partenerii l-au privit pe Buck ieșind mândru din tabără.
"Cuando lo crearon, cambió lo que un perro puede ser", dijo Pete.
„Când a fost creat, a schimbat ceea ce poate fi un câine", a spus Pete.
—¡Por Dios! Yo también lo creo —respondió Hans rápidamente.
„Pe Dumnezeule! Și eu cred asta", a fost repede de acord Hans.
Lo vieron marcharse, pero no el cambio que vino después.
L-au văzut plecând, dar nu și schimbarea care a venit după.
Tan pronto como entró en el bosque, Buck se transformó por completo.
Imediat ce a intrat în pădure, Buck s-a transformat complet.
Ya no marchaba, sino que se movía como un fantasma salvaje entre los árboles.
Nu mai mărșăluia, ci se mișca ca o fantomă sălbatică printre copaci.
Se quedó en silencio, con pasos de gato, un destello que pasaba entre las sombras.
A devenit tăcut, cu picioare de pisică, o licărire care trecea printre umbre.
Utilizó la cubierta con habilidad, arrastrándose sobre su vientre como una serpiente.
A folosit adăpostul cu îndemânare, târându-se pe burtă ca un șarpe.

Y como una serpiente, podía saltar hacia adelante y atacar en silencio.
Și, ca un șarpe, putea sări înainte și să lovească în tăcere.
Podría robar una perdiz nival directamente de su nido escondido.
Putea fura o perucă galbenă direct din cuibul ei ascuns.
Mató conejos dormidos sin hacer un solo sonido.
A ucis iepuri adormiți fără niciun sunet.
Podía atrapar ardillas en el aire cuando huían demasiado lentamente.
Putea prinde veverițe în aer, deoarece fugeau prea încet.
Ni siquiera los peces en los estanques podían escapar de sus ataques repentinos.
Nici măcar peștii din bălți nu puteau scăpa de loviturile lui bruște.
Ni siquiera los castores más inteligentes que arreglaban presas estaban a salvo de él.
Nici măcar castorii deștepți care reparau baraje nu erau în siguranță de el.
Él mataba por comida, no por diversión, pero prefería matar a sus propias víctimas.
Ucidea pentru mâncare, nu pentru distracție — dar prefera propriile victime.
Aun así, un humor astuto impregnaba algunas de sus cacerías silenciosas.
Totuși, un umor viclean străbătea unele dintre vânătorile sale tăcute.
Se acercó sigilosamente a las ardillas, pero las dejó escapar.
S-a strecurat aproape de veverițe, doar ca să le lase să scape.
Iban a huir hacia los árboles, parloteando con terrible indignación.
Aveau să fugă în copaci, ciripind de furie și frică.
A medida que llegaba el otoño, los alces comenzaron a aparecer en mayor número.
Pe măsură ce a venit toamna, elanii au început să apară în număr mai mare.

Avanzaron lentamente hacia los valles bajos para encontrarse con el invierno.
S-au mișcat încet în văile joase pentru a întâmpina iarna.
Buck ya había derribado a un ternero joven y perdido.
Buck doborâse deja un vițel tânăr, rătăcit.
Pero anhelaba enfrentarse a presas más grandes y peligrosas.
Dar tânjea să înfrunte o pradă mai mare și mai periculoasă.
Un día, en la divisoria, a la altura del nacimiento del arroyo, encontró su oportunidad.
Într-o zi, pe despărțitură, la izvorul pârâului, și-a găsit șansa.
Una manada de veinte alces había cruzado desde tierras boscosas.
O turmă de douăzeci de elani traversase ținuturile împădurite.
Entre ellos había un poderoso toro; el líder del grupo.
Printre ei se afla un taur puternic; conducătorul grupului.
El toro medía más de seis pies de alto y parecía feroz y salvaje.
Taurul avea peste doi metri înălțime și arăta fioros și sălbatic.
Lanzó sus anchas astas, con catorce puntas ramificándose hacia afuera.
Și-a aruncat coarnele largi, paisprezece vârfuri ramificându-se în exterior.
Las puntas de esas astas se extendían siete pies de ancho.
Vârfurile acelor coarne se întindeau pe un diametru de șapte picioare.
Sus pequeños ojos ardieron de rabia cuando vio a Buck cerca.
Ochii lui mici ardeau de furie când l-a zărit pe Buck în apropiere.
Soltó un rugido furioso, temblando de furia y dolor.
A scos un răget furios, tremurând de furie și durere.
Una punta de flecha sobresalía cerca de su flanco, emplumada y afilada.
Un vârf de săgeată ieșea în relief lângă flancul său, ascuțit și ca un pene.
Esta herida ayudó a explicar su humor salvaje y amargado.

Această rană a ajutat la explicarea dispoziției sale sălbatice și amare.
Buck, guiado por su antiguo instinto de caza, hizo su movimiento.
Buck, ghidat de un străvechi instinct de vânătoare, și-a făcut mișcarea.
Su objetivo era separar al toro del resto de la manada.
El a urmărit să separe taurul de restul turmei.
No fue una tarea fácil: requirió velocidad y una astucia feroz.
Nu a fost o sarcină ușoară — a necesitat viteză și o viclenie feroce.
Ladró y bailó cerca del toro, fuera de su alcance.
A lătrat și a dansat lângă taur, chiar în afara razei de acțiune.
El alce atacó con enormes pezuñas y astas mortales.
Elanul se năpustea cu copite uriașe și coarne mortale.
Un golpe podría haber acabado con la vida de Buck en un instante.
O singură lovitură ar fi putut curma viața lui Buck într-o clipă.
Incapaz de dejar atrás la amenaza, el toro se volvió loco.
Incapabil să lase amenințarea în urmă, taurul s-a înfuriat.
Él cargó con furia, pero Buck siempre se le escapaba.
A năvălit furios, dar Buck se strecura mereu la fugă.
Buck fingió debilidad, lo que lo alejó aún más de la manada.
Buck s-a prefăcut slăbiciune, atrăgându-l mai departe de turmă.
Pero los toros jóvenes estaban a punto de atacar para proteger al líder.
Dar taurii tineri urmau să riposteze pentru a-l proteja pe lider.
Obligaron a Buck a retirarse y al toro a reincorporarse al grupo.
L-au forțat pe Buck să se retragă și pe taur să se alăture grupului.
Hay una paciencia en lo salvaje, profunda e imparable.
Există o răbdare în sălbăticie, profundă și de neoprit.
Una araña espera inmóvil en su red durante incontables horas.
Un păianjen așteaptă nemișcat în pânza sa nenumărate ore.

Una serpiente se enrosca sin moverse y espera hasta que llega el momento.
Un șarpe se încolăcește fără să tresară și așteaptă până când îi vine momentul.
Una pantera acecha hasta que llega el momento.
O panteră stă la ambuscadă, până când sosește momentul.
Ésta es la paciencia de los depredadores que cazan para sobrevivir.
Aceasta este răbdarea prădătorilor care vânează pentru a supraviețui.
Esa misma paciencia ardía dentro de Buck mientras se quedaba cerca.
Aceeași răbdare îl ardea în Buck în timp ce stătea aproape.
Se quedó cerca de la manada, frenando su marcha y sembrando el miedo.
A rămas lângă turmă, încetinindu-i marșul și stârnind frică.
Provocaba a los toros jóvenes y acosaba a las vacas madres.
El i-a tachinat pe taurii tineri și a hărțuit vacile.
Empujó al toro herido hacia una rabia más profunda e impotente.
L-a împins pe taurul rănit într-o furie mai adâncă, neajutorată.
Durante medio día, la lucha se prolongó sin descanso alguno.
Timp de o jumătate de zi, lupta s-a prelungit fără nicio odihnă.
Buck atacó desde todos los ángulos, rápido y feroz como el viento.
Buck a atacat din toate unghiurile, rapid și feroce ca vântul.
Impidió que el toro descansara o se escondiera con su manada.
El a împiedicat taurul să se odihnească sau să se ascundă împreună cu turma sa.
Buck desgastó la voluntad del alce más rápido que su cuerpo.
Buck a epuizat voința elanului mai repede decât corpul său.
El día transcurrió y el sol se hundió en el cielo del noroeste.
Ziua a trecut și soarele a apus pe cerul de nord-vest.

Los toros jóvenes regresaron más lentamente para ayudar a su líder.
Taurii tineri s-au întors mai încet să-și ajute conducătorul.
Las noches de otoño habían regresado y la oscuridad ahora duraba seis horas.
Nopțile de toamnă se întorseseră, iar întunericul dura acum șase ore.
El invierno los estaba empujando cuesta abajo hacia valles más seguros y cálidos.
Iarna îi împingea la vale, spre văi mai sigure și mai calde.
Pero aún así no pudieron escapar del cazador que los retenía.
Dar tot nu au putut scăpa de vânătorul care i-a ținut înapoi.
Sólo una vida estaba en juego: no la de la manada, sino la de su líder.
O singură viață era în joc – nu cea a turmei, ci doar cea a liderului lor.
Eso hizo que la amenaza fuera distante y no su preocupación urgente.
Asta făcea ca amenințarea să fie distantă și nu preocuparea lor urgentă.
Con el tiempo, aceptaron ese coste y dejaron que Buck se llevara al viejo toro.
În timp, au acceptat acest preț și l-au lăsat pe Buck să ia bătrânul taur.
Al caer la tarde, el viejo toro permanecía con la cabeza gacha.
Pe măsură ce se lăsa amurgul, bătrânul taur stătea cu capul plecat.
Observó cómo la manada que había guiado se desvanecía en la luz que se desvanecía.
A privit cum turma pe care o condusese dispăru în lumina care se estompa.
Había vacas que había conocido, terneros que una vez había engendrado.
Erau vaci pe care le cunoscuse, viței pe care îi născuse odată.
Había toros más jóvenes con los que había luchado y gobernado en temporadas pasadas.

Erau tauri mai tineri cu care se luptase și pe care îi domnise în sezoanele trecute.
No pudo seguirlos, pues frente a él estaba agazapado nuevamente Buck.
Nu-i putea urma — căci în fața lui stătea din nou ghemuit Buck.
El terror despiadado con colmillos bloqueó cualquier camino que pudiera tomar.
Teroarea nemiloasă cu colți ascuțiți îi bloca orice cale pe care ar fi putut-o urma.
El toro pesaba más de trescientos kilos de densa potencia.
Taurul cântărea mai mult de trei sute de kilograme de putere densă.
Había vivido mucho tiempo y luchado con ahínco en un mundo de luchas.
Trăise mult și luptase din greu într-o lume a luptelor.
Pero ahora, al final, la muerte vino de una bestia muy inferior a él.
Și totuși acum, la sfârșit, moartea a venit de la o fiară mult inferioară lui.
La cabeza de Buck ni siquiera llegó a alcanzar las enormes rodillas del toro.
Capul lui Buck nici măcar nu se ridica până la genunchii uriași și încordați ai taurului.
A partir de ese momento, Buck permaneció con el toro noche y día.
Din acel moment, Buck a rămas cu taurul zi și noapte.
Nunca le dio descanso, nunca le permitió pastar ni beber.
Nu i-a dat niciodată odihnă, nu i-a permis niciodată să pască sau să bea.
El toro intentó comer brotes tiernos de abedul y hojas de sauce.
Taurul a încercat să mănânce lăstari tineri de mesteacăn și frunze de salcie.
Pero Buck lo ahuyentó, siempre alerta y siempre atacando.
Dar Buck l-a alungat, mereu alert și mereu atacând.

Incluso ante arroyos que goteaban, Buck bloqueó cada intento de sed.
Chiar și la pâraie care curgeau șiroaie, Buck bloca orice încercare de a bea însetat.
A veces, desesperado, el toro huía a toda velocidad.
Uneori, în disperare, taurul fugea cu viteză maximă.
Buck lo dejó correr, trotando tranquilamente detrás, nunca muy lejos.
Buck l-a lăsat să alerge, alergând calm chiar în spatele lui, niciodată departe.
Cuando el alce se detuvo, Buck se acostó, pero se mantuvo listo.
Când elanul s-a oprit, Buck s-a întins, dar a rămas pregătit.
Si el toro intentaba comer o beber, Buck atacaba con toda furia.
Dacă taurul încerca să mănânce sau să bea, Buck lovește cu furie deplină.
La gran cabeza del toro se hundió aún más bajo sus enormes astas.
Capul uriaș al taurului se lăsa tot mai jos sub coarnele sale vaste.
Su paso se hizo más lento, el trote se hizo pesado, un paso tambaleante.
Pasul său a încetinit, trapul a devenit greu; un mers poticnit.
A menudo se quedaba quieto con las orejas caídas y la nariz pegada al suelo.
Adesea stătea nemișcat cu urechile căzute și nasul la pământ.
Durante esos momentos, Buck se tomó tiempo para beber y descansar.
În acele momente, Buck și-a făcut timp să bea și să se odihnească.
Con la lengua afuera y los ojos fijos, Buck sintió que la tierra estaba cambiando.
Cu limba scoasă și ochii fixi, Buck simțea că țara se schimba.
Sintió algo nuevo moviéndose a través del bosque y el cielo.
A simțit ceva nou mișcându-se prin pădure și prin cer.

A medida que los alces regresaban, también lo hacían otras criaturas salvajes.
Pe măsură ce elanii s-au întors, la fel s-au întâmplat și cu alte creaturi sălbatice.
La tierra se sentía viva, con presencia, invisible pero fuertemente conocida.
Țara părea vie, cu o prezență, nevăzută, dar puternic cunoscută.
No fue por el sonido, ni por la vista, ni por el olfato que Buck supo esto.
Buck nu știa asta prin sunet, văz sau miros.
Un sentimiento más profundo le decía que nuevas fuerzas estaban en movimiento.
Un simț mai profund îi spunea că noi forțe erau în mișcare.
Una vida extraña se agitaba en los bosques y a lo largo de los arroyos.
O viață ciudată se mișca prin păduri și de-a lungul pâraielor.
Decidió explorar este espíritu, después de que la caza se completara.
El a hotărât să exploreze acest spirit, după ce vânătoarea va fi terminată.
Al cuarto día, Buck finalmente logró derribar al alce.
În a patra zi, Buck a doborât în sfârșit elanul.
Se quedó junto a la presa durante un día y una noche enteros, alimentándose y descansando.
A stat lângă pradă o zi și o noapte întreagă, hrănindu-se și odihnindu-se.
Comió, luego durmió, luego volvió a comer, hasta que estuvo fuerte y lleno.
A mâncat, apoi a dormit, apoi a mâncat din nou, până s-a simțit puternic și sătul.
Cuando estuvo listo, regresó hacia el campamento y Thornton.
Când fu gata, se întoarse spre tabără și spre Thornton.
Con ritmo constante, inició el largo viaje de regreso a casa.
Cu un ritm constant, a început lunga călătorie de întoarcere spre casă.

Corría con su incansable galope, hora tras hora, sin desviarse jamás.
A alergat în goana lui neobosit, oră după oră, fără să se rătăcească niciodată.
A través de tierras desconocidas, se movió recto como la aguja de una brújula.
Prin ținuturi necunoscute, s-a mișcat drept ca acul unei busole.
Su sentido de la orientación hacía que el hombre y el mapa parecieran débiles en comparación.
Simțul său de orientare făcea ca omul și harta să pară slabe prin comparație.
A medida que Buck corría, sentía con más fuerza la agitación en la tierra salvaje.
Pe măsură ce Buck alerga, simțea mai puternic freamătul din ținutul sălbatic.
Era un nuevo tipo de vida, diferente a la de los tranquilos meses de verano.
Era un nou fel de viață, spre deosebire de cea din lunile calme de vară.
Este sentimiento ya no llegaba como un mensaje sutil o distante.
Acest sentiment nu mai venea ca un mesaj subtil sau distant.
Ahora los pájaros hablaban de esta vida y las ardillas parloteaban sobre ella.
Acum păsările vorbeau despre această viață, iar veverițele ciripeau despre ea.
Incluso la brisa susurraba advertencias a través de los árboles silenciosos.
Chiar și briza șoptea avertismente printre copacii tăcuți.
Varias veces se detuvo y olió el aire fresco de la mañana.
De câteva ori s-a oprit și a adulmecat aerul proaspăt al dimineții.
Allí leyó un mensaje que le hizo avanzar más rápido.
A citit acolo un mesaj care l-a făcut să sară mai repede înainte.
Una fuerte sensación de peligro lo llenó, como si algo hubiera salido mal.

Un sentiment puternic de pericol îl cuprinse, ca și cum ceva nu ar fi mers bine.
Temía que se avecinara una calamidad, o que ya hubiera ocurrido.
Se temea că urma să vină o calamitate – sau că venise deja.
Cruzó la última cresta y entró en el valle de abajo.
A traversat ultima creastă și a intrat în valea de dedesubt.
Se movió más lentamente, alerta y cauteloso con cada paso.
Se mișca mai încet, alert și precaut la fiecare pas.
A tres millas de distancia encontró un nuevo rastro que lo hizo ponerse rígido.
După cinci kilometri, a găsit o cărare nouă care l-a înțepenit.
El cabello de su cuello se onduló y se erizó en señal de alarma.
Părul de pe ceafă i s-a ondulat și s-a zbârlit de alarmă.
El sendero conducía directamente al campamento donde Thornton esperaba.
Drumul ducea direct spre tabăra unde îl aștepta Thornton.
Buck se movió más rápido ahora, su paso era silencioso y rápido.
Buck se mișca acum mai repede, pașii lui tăcuți și rapizi în același timp.
Sus nervios se tensaron al leer señales que otros no verían.
Nervii i s-au încordat pe măsură ce a citit semne pe care alții aveau să le rateze.
Cada detalle del recorrido contaba una historia, excepto la pieza final.
Fiecare detaliu din potecă spunea o poveste - cu excepția ultimei piese.
Su nariz le contaba sobre la vida que había transcurrido por allí.
Nasul lui îi povestea despre viața care trecuse pe aici.
El olor le dio una imagen cambiante mientras lo seguía de cerca.
Mirosul îi oferea o imagine schimbătoare în timp ce îl urma îndeaproape.

Pero el bosque mismo había quedado en silencio; anormalmente quieto.
Dar pădurea însăși devenise liniștită; o nemișcare nefirească.
Los pájaros habían desaparecido, las ardillas estaban escondidas, silenciosas y quietas.
Păsările dispăruseră, veverițele erau ascunse, tăcute și nemișcate.
Sólo vio una ardilla gris, tumbada sobre un árbol muerto.
A văzut o singură veveriță cenușie, întinsă pe un copac mort.
La ardilla se mimetizó, rígida e inmóvil como una parte del bosque.
Veverița s-a amestecat, rigidă și nemișcată, ca o parte din pădure.
Buck se movía como una sombra, silencioso y seguro entre los árboles.
Buck se mișca ca o umbră, tăcut și sigur printre copaci.
Su nariz se movió hacia un lado como si una mano invisible la tirara.
Nasul i se zvârcolea într-o parte, ca și cum ar fi fost tras de o mână nevăzută.
Se giró y siguió el nuevo olor hasta lo profundo de un matorral.
S-a întors și a urmat noul miros adânc într-un desiș.
Allí encontró a Nig, que yacía muerto, atravesado por una flecha.
Acolo l-a găsit pe Nig, zăcând mort, străpuns de o săgeată.
La flecha atravesó su cuerpo y aún se le veían las plumas.
Săgeata i-a străpuns corpul, penele fiind încă vizibile.
Nig se arrastró hasta allí, pero murió antes de llegar para recibir ayuda.
Nig se târîse până acolo, dar murise înainte să ajungă la ajutor.
Cien metros más adelante, Buck encontró otro perro de trineo.
La o sută de metri mai încolo, Buck a găsit un alt câine de sanie.
Era un perro que Thornton había comprado en Dawson City.
Era un câine pe care Thornton îl cumpărase din Dawson City.

El perro se encontraba en una lucha a muerte, agitándose con fuerza en el camino.
Câinele se lupta cu moartea, zbătându-se din greu pe potecă.
Buck pasó a su alrededor, sin detenerse, con los ojos fijos hacia adelante.
Buck a trecut pe lângă el, fără să se oprească, cu privirea aţintită înainte.
Desde la dirección del campamento llegaba un canto distante y rítmico.
Din direcţia taberei se auzea o incantaţie ritmică, îndepărtată.
Las voces subían y bajaban en un tono extraño, inquietante y cantarín.
Vocile se ridicau şi se descreşteau pe un ton ciudat, straniu, cântăreţ.
Buck se arrastró hacia el borde del claro en silencio.
Buck s-a târât în tăcere până la marginea poianei.
Allí vio a Hans tendido boca abajo, atravesado por muchas flechas.
Acolo l-a văzut pe Hans zăcând cu faţa în jos, străpuns de multe săgeţi.
Su cuerpo parecía el de un puercoespín, erizado de plumas.
Corpul său arăta ca un porc spinos, zbârlit de săgeţi cu pene.
En ese mismo momento, Buck miró hacia la cabaña en ruinas.
În acelaşi moment, Buck privi spre cabana în ruine.
La visión hizo que se le erizara el pelo de la nuca y de los hombros.
Priveliştea i s-a zbârlit părul pe ceafă şi pe umeri.
Una tormenta de furia salvaje recorrió todo el cuerpo de Buck.
O furtună de furie sălbatică l-a cuprins pe Buck.
Gruñó en voz alta, aunque no sabía que lo había hecho.
A mârâit tare, deşi nu ştia că o făcuse.
El sonido era crudo, lleno de furia aterradora y salvaje.
Sunetul era crud, plin de o furie terifiantă şi sălbatică.
Por última vez en su vida, Buck perdió la razón ante la emoción.

Pentru ultima dată în viaţa lui, Buck şi-a pierdut raţiunea de a se lăsa pradă emoţiilor.

Fue el amor por John Thornton lo que rompió su cuidadoso control.

Dragostea pentru John Thornton i-a zdruncinat controlul atent.

Los Yeehats estaban bailando alrededor de la cabaña de abetos en ruinas.

Yeehat-ii dansau în jurul cabanei de molizi dărăpănate.

Entonces se escuchó un rugido y una bestia desconocida cargó hacia ellos.

Apoi s-a auzit un răget — şi o fiară necunoscută s-a năpustit spre ei.

Era Buck; una furia en movimiento; una tormenta viviente de venganza.

Era Buck; o furie în mişcare; o furtună vie a răzbunării.

Se arrojó en medio de ellos, loco por la necesidad de matar.

S-a aruncat în mijlocul lor, înnebunit de dorinţa de a ucide.

Saltó hacia el primer hombre, el jefe Yeehat, y acertó.

A sărit asupra primului om, şeful Yeehat, şi a lovit cu putere.

Su garganta fue desgarrada y la sangre brotó a chorros.

Gâtul i-a fost smuls, iar sângele i-a şiroit ca un şuvoi.

Buck no se detuvo, sino que desgarró la garganta del siguiente hombre de un salto.

Buck nu se opri, ci îi sfâşie gâtul următorului om dintr-un salt.

Era imparable: desgarraba, cortaba y nunca se detenía a descansar.

Era de neoprit – sfâşia, tăia, fără să se oprească niciodată.

Se lanzó y saltó tan rápido que sus flechas no pudieron tocarlo.

A sărit şi a ţâşnit atât de repede încât săgeţile lor nu l-au putut atinge.

Los Yeehats estaban atrapados en su propio pánico y confusión.

Yeehat-ii erau prinşi în propria panică şi confuzie.

Sus flechas no alcanzaron a Buck y se alcanzaron entre sí.

Săgeţile lor l-au ratat pe Buck şi s-au lovit între ele.

Un joven le lanzó una lanza a Buck y golpeó a otro hombre.
Un tânăr a aruncat o suliță spre Buck și a lovit un alt bărbat.
La lanza le atravesó el pecho y la punta le atravesó la espalda.
Sulița i-a străpuns pieptul, vârful străpungându-i spatele.
El terror se apoderó de los Yeehats y se retiraron por completo.
Teroarea i-a cuprins pe Yeehats, iar aceștia s-au retras complet.
Gritaron al Espíritu Maligno y huyeron hacia las sombras del bosque.
Au țipat de la Duhul Rău și au fugit în umbrele pădurii.
En verdad, Buck era como un demonio mientras perseguía a los Yeehats.
Într-adevăr, Buck a fost ca un demon în timp ce i-a urmărit pe Yeehats.
Él los persiguió a través del bosque, derribándolos como si fueran ciervos.
A țâșnit după ei prin pădure, doborându-i ca pe niște căprioare.
Se convirtió en un día de destino y terror para los asustados Yeehats.
A devenit o zi a sorții și a terorii pentru Yeehat-ii înspăimântați.
Se dispersaron por toda la tierra, huyendo lejos en todas direcciones.
S-au împrăștiat prin țară, fugind departe în toate direcțiile.
Pasó una semana entera antes de que los últimos supervivientes se reunieran en un valle.
A trecut o săptămână întreagă până când ultimii supraviețuitori s-au întâlnit într-o vale.
Sólo entonces contaron sus pérdidas y hablaron de lo sucedido.
Abia atunci și-au numărat pierderile și au vorbit despre ce s-a întâmplat.
Buck, después de cansarse de la persecución, regresó al campamento en ruinas.

Buck, după ce a obosit de urmărire, s-a întors în tabăra ruinată.
Encontró a Pete, todavía en sus mantas, muerto en el primer ataque.
L-a găsit pe Pete, încă în pături, ucis în primul atac.
Las señales de la última lucha de Thornton estaban marcadas en la tierra cercana.
Semnele ultimei lupte a lui Thornton erau marcate în pământul din apropiere.
Buck siguió cada rastro, olfateando cada marca hasta un punto final.
Buck a urmărit fiecare urmă, adulmecând fiecare semn până la un punct final.
En el borde de un estanque profundo, encontró al fiel Skeet, tumbado inmóvil.
La marginea unui bazin adânc, l-a găsit pe credinciosul Skeet, zăcând nemișcat.
La cabeza y las patas delanteras de Skeet estaban en el agua, inmóviles por la muerte.
Capul și labele din față ale lui Skeet erau în apă, nemișcate de moarte.
La piscina estaba fangosa y contaminada por el agua que salía de las compuertas.
Piscina era noroioasă și contaminată cu apa care curgea din ecluze.
Su superficie nublada ocultaba lo que había debajo, pero Buck sabía la verdad.
Suprafața sa tulbure ascundea ceea ce se afla dedesubt, dar Buck știa adevărul.
Siguió el rastro del olor de Thornton hasta la piscina, pero el olor no lo condujo a ningún otro lugar.
A urmărit mirosul lui Thornton până în piscină — dar mirosul nu l-a dus nicăieri altundeva.
No había ningún olor que indicara que salía, solo el silencio de las aguas profundas.
Nu se auzea niciun miros care să se răspândească – doar liniștea apei adânci.

Buck permaneció todo el día cerca de la piscina, paseando de un lado a otro del campamento con tristeza.
Toată ziua, Buck a stat lângă baltă, plimbându-se prin tabără cu tristețe.
Vagaba inquieto o permanecía sentado en silencio, perdido en pesados pensamientos.
Rătăcea neliniștit sau stătea nemișcat, pierdut în gânduri adânci.
Él conocía la muerte; el fin de la vida; la desaparición de todo movimiento.
El cunoștea moartea; sfârșitul vieții; dispariția oricărei mișcări.
Comprendió que John Thornton se había ido y que nunca regresaría.
A înțeles că John Thornton plecase și că nu se va mai întoarce niciodată.
La pérdida dejó en él un vacío que palpitaba como el hambre.
Pierderea a lăsat în el un gol care pulsa ca foamea.
Pero ésta era un hambre que la comida no podía calmar, por mucho que comiera.
Dar aceasta era o mâncare pe care foamea nu o putea potoli, indiferent cât mânca.
A veces, mientras miraba a los Yeehats muertos, el dolor se desvanecía.
Uneori, în timp ce se uita la Yeehats-ii morți, durerea se estompa.
Y entonces un orgullo extraño surgió dentro de él, feroz y completo.
Și apoi o mândrie ciudată l-a cuprins, aprigă și deplină.
Había matado al hombre, la presa más alta y peligrosa de todas.
Ucisese oameni, cel mai înalt și mai periculos vânat dintre toate.
Había matado desafiando la antigua ley del garrote y el colmillo.
Ucisese sfidând străvechea lege a bâtei și colțului.
Buck olió sus cuerpos sin vida, curioso y pensativo.

Buck le adulmeca trupurile fără viață, curios și gânditor.
Habían muerto con tanta facilidad, mucho más fácil que un husky en una pelea.
Muriseră atât de ușor – mult mai ușor decât un husky într-o luptă.
Sin sus armas, no tenían verdadera fuerza ni representaban una amenaza.
Fără armele lor, nu aveau nicio putere sau amenințare reală.
Buck nunca volvería a temerles, a menos que estuvieran armados.
Buck nu avea să se mai teamă niciodată de ei, decât dacă erau înarmați.
Sólo tenía cuidado cuando llevaban garrotes, lanzas o flechas.
Numai când purtau bâte, sulițe sau săgeți avea grijă.

Cayó la noche y la luna llena se elevó por encima de las copas de los árboles.
S-a lăsat noaptea, iar o lună plină s-a ridicat sus deasupra vârfurilor copacilor.
La pálida luz de la luna bañaba la tierra con un resplandor suave y fantasmal, como el del día.
Lumina palidă a lunii scălda pământul într-o strălucire blândă, fantomatică, ca ziua.
A medida que la noche avanzaba, Buck seguía de luto junto al estanque silencioso.
Pe măsură ce noaptea se adâncea, Buck încă jelea lângă iazul tăcut.
Entonces se dio cuenta de que había un movimiento diferente en el bosque.
Apoi a devenit conștient de o altă mișcare în pădure.
El movimiento no provenía de los Yeehats, sino de algo más antiguo y más profundo.
Frânjetul nu venea de la Yeehats, ci de la ceva mai vechi și mai profund.
Se puso de pie, con las orejas levantadas y la nariz palpando la brisa con cuidado.

S-a ridicat în picioare, cu urechile ciulite, testând cu grijă briza.
Desde lejos llegó un grito débil y agudo que rompió el silencio.
De departe s-a auzit un țipăt slab și ascuțit, care a străpuns liniștea.
Luego, un coro de gritos similares siguió de cerca al primero.
Apoi, un cor de strigăte similare le-a urmat îndeaproape pe cele din urmă.
El sonido se acercaba cada vez más y se hacía más fuerte a cada momento que pasaba.
Sunetul se apropia, devenind mai puternic cu fiecare clipă.
Buck conocía ese grito: venía de ese otro mundo en su memoria.
Buck știa acest strigăt – venea din cealaltă lume din memoria lui.
Caminó hasta el centro del espacio abierto y escuchó atentamente.
A mers până în centrul spațiului deschis și a ascultat cu atenție.
El llamado resonó, múltiple y más poderoso que nunca.
Apelul a răsunat, s-a auzit de multe ori și a fost mai puternic ca niciodată.
Y ahora, más que nunca, Buck estaba listo para responder a su llamado.
Și acum, mai mult ca niciodată, Buck era gata să răspundă chemării sale.
John Thornton había muerto y ya no tenía ningún vínculo con el hombre.
John Thornton era mort și nicio legătură cu un om nu mai rămăsese în el.
El hombre y todos sus derechos humanos habían desaparecido: él era libre por fin.
Omul și toate drepturile umane dispăruseră — în sfârșit era liber.
La manada de lobos estaba persiguiendo carne como lo hicieron alguna vez los Yeehats.
Haita de lupi vâna carne așa cum făceau odinioară Yeehat-ii.

Habían seguido a los alces desde las tierras boscosas.
Urmăriseră elanii dinspre ținuturile împădurite.
Ahora, salvajes y hambrientos de presa, cruzaron hacia su valle.
Acum, sălbatici și înfometați de pradă, au trecut în valea lui.
Llegaron al claro iluminado por la luna, fluyendo como agua plateada.
În poiană luminată de lună au ajuns, curgând ca o apă argintie.
Buck permaneció quieto en el centro, inmóvil y esperándolos.
Buck stătea nemișcat în centru, așteptându-i.
Su tranquila y gran presencia dejó a la manada en un breve silencio.
Prezența lui calmă și impunătoare a uluit grupul și a lăsat o tăcere scurtă.
Entonces el lobo más atrevido saltó hacia él sin dudarlo.
Atunci cel mai îndrăzneț lup a sărit direct asupra lui fără ezitare.
Buck atacó rápidamente y rompió el cuello del lobo de un solo golpe.
Buck a lovit repede și i-a rupt gâtul lupului dintr-o singură lovitură.
Se quedó inmóvil nuevamente mientras el lobo moribundo se retorcía detrás de él.
A rămas din nou nemișcat în timp ce lupul pe moarte se răsucea în spatele lui.
Tres lobos más atacaron rápidamente, uno tras otro.
Alți trei lupi au atacat rapid, unul după altul.
Todos retrocedieron sangrando, con la garganta o los hombros destrozados.
Fiecare s-a retras sângerând, cu gâtul sau umerii tăiați.
Eso fue suficiente para que toda la manada se lanzara a una carga salvaje.
Asta a fost suficient pentru a declanșa întreaga haită într-o năvală sălbatică.

Se precipitaron juntos, demasiado ansiosos y apiñados para golpear bien.
S-au repezit împreună, prea nerăbdători și înghesuiți ca să lovească bine.
La velocidad y habilidad de Buck le permitieron mantenerse por delante del ataque.
Viteza și priceperea lui Buck i-au permis să rămână cu un pas înaintea atacului.
Giró sobre sus patas traseras, chasqueando y golpeando en todas direcciones.
Se învârtea pe picioarele din spate, pocnind și lovind în toate direcțiile.
Para los lobos, esto parecía como si su defensa nunca se abriera ni flaqueara.
Lupilor li se părea că apărarea lui nu s-a deschis niciodată și nici nu a șovăit.
Se giró y atacó tan rápido que no pudieron alcanzarlo.
S-a întors și a lovit atât de repede încât nu au mai putut ajunge în spatele lui.
Sin embargo, su número le obligó a ceder terreno y retroceder.
Cu toate acestea, numărul lor l-a obligat să cedeze teren și să se retragă.
Pasó junto a la piscina y bajó al lecho rocoso del arroyo.
A trecut de baltă și a coborât în albia stâncoasă a pârâului.
Allí se topó con un empinado banco de grava y tierra.
Acolo a dat peste un mal abrupt de pietriș și pământ.
Se metió en un rincón cortado durante la antigua excavación de los mineros.
A intrat într-o tăietură de colț în timpul vechilor săpături ale minerilor.
Ahora, protegido por tres lados, Buck se enfrentaba únicamente al lobo frontal.
Acum, protejat din trei părți, Buck se confrunta doar cu lupul din față.
Allí se mantuvo a raya, listo para la siguiente ola de asalto.
Acolo, a stat la distanță, pregătit pentru următorul val de atac.

Buck se mantuvo firme con tanta fiereza que los lobos retrocedieron.
Buck și-a ținut poziția atât de ferm încât lupii s-au retras.
Después de media hora, estaban agotados y visiblemente derrotados.
După o jumătate de oră, erau epuizați și vizibil înfrânți.
Sus lenguas colgaban y sus colmillos blancos brillaban a la luz de la luna.
Limbile le atârnau afară, colții lor albi străluceau în lumina lunii.
Algunos lobos se tumbaron, con la cabeza levantada y las orejas apuntando hacia Buck.
Niște lupi s-au întins, cu capetele ridicate și urechile ciulite spre Buck.
Otros permanecieron inmóviles, alertas y observando cada uno de sus movimientos.
Alții stăteau nemișcați, alerți și îi urmăreau fiecare mișcare.
Algunos se acercaron a la piscina y bebieron agua fría.
Câțiva s-au îndreptat spre piscină și au băut apă rece.
Entonces un lobo gris, largo y delgado, se acercó sigilosamente.
Apoi, un lup cenușiu, lung și slab, s-a târât înainte cu blândețe.
Buck lo reconoció: era el hermano salvaje de antes.
Buck l-a recunoscut – era fratele sălbatic de dinainte.
El lobo gris gimió suavemente y Buck respondió con un gemido.
Lupul cenușiu a scâncit încet, iar Buck a răspuns cu un scâncet.
Se tocaron las narices, en silencio y sin amenaza ni miedo.
Și-au atins nasurile, în liniște și fără amenințări sau teamă.
Luego vino un lobo más viejo, demacrado y lleno de cicatrices por muchas batallas.
Apoi a venit un lup mai bătrân, slăbit și brăzdat de cicatrici din cauza multor bătălii.
Buck empezó a gruñir, pero se detuvo y olió la nariz del viejo lobo.

Buck a început să mârâie, dar s-a oprit și i-a adulmecat nasul bătrânului lup.
El viejo se sentó, levantó la nariz y aulló a la luna.
Bătrânul s-a așezat, și-a ridicat nasul și a urlat la lună.
El resto de la manada se sentó y se unió al largo aullido.
Restul haitei s-a așezat și s-a alăturat urletului prelung.
Y ahora el llamado llegó a Buck, inconfundible y fuerte.
Și acum chemarea i-a venit lui Buck, inconfundabilă și puternică.
Se sentó, levantó la cabeza y aulló con los demás.
S-a așezat, și-a ridicat capul și a urlat împreună cu ceilalți.
Cuando terminaron los aullidos, Buck salió de su refugio rocoso.
Când urletul s-a terminat, Buck a ieșit din adăpostul său stâncos.
La manada se cerró a su alrededor, olfateando con amabilidad y cautela.
Haita s-a strâns în jurul lui, adulmecând cu amabilitate și precauție în același timp.
Entonces los líderes dieron un grito y salieron corriendo hacia el bosque.
Apoi, conducătorii au scos un țipăt și au fugit în pădure.
Los demás lobos los siguieron, aullando a coro, salvajes y rápidos en la noche.
Ceilalți lupi i-au urmat, scheunând în cor, sălbatici și rapizi în noapte.
Buck corrió con ellos, al lado de su hermano salvaje, aullando mientras corría.
Buck a alergat cu ei, alături de fratele său sălbatic, urlând în timp ce alerga.

Aquí la historia de Buck llega bien a su fin.
Aici, povestea lui Buck se potrivește bine și la sfârșit.
En los años siguientes, los Yeehat notaron lobos extraños.
În anii care au urmat, familia Yeehat a observat lupi ciudați.
Algunos tenían la cabeza y el hocico de color marrón y el pecho de color blanco.

Unii aveau capul și botul maro și piept alb.
Pero aún más temían una figura fantasmal entre los lobos.
Dar și mai mult, se temeau de o figură fantomatică printre lupi.
Hablaban en susurros del Perro Fantasma, líder de la manada.
Vorbeau în șoapte despre Câinele Fantomă, liderul haitei.
Este perro fantasma tenía más astucia que el cazador Yeehat más audaz.
Acest Câine Fantomă era mai viclean decât cel mai îndrăzneț vânător Yeehat.
El perro fantasma robó de los campamentos en pleno invierno y destrozó sus trampas.
Câinele fantomă fura din tabere în miez de iarnă și le rupsea capcanele.
El perro fantasma mató a sus perros y escapó de sus flechas sin dejar rastro.
Câinele fantomă le-a ucis câinii și a scăpat de săgețile lor fără urmă.
Incluso sus guerreros más valientes temían enfrentarse a este espíritu salvaje.
Chiar și cei mai curajoși războinici ai lor se temeau să înfrunte acest spirit sălbatic.
No, la historia se vuelve aún más oscura a medida que pasan los años en la naturaleza.
Nu, povestea devine și mai întunecată, pe măsură ce anii trec în sălbăticie.
Algunos cazadores desaparecen y nunca regresan a sus campamentos distantes.
Unii vânători dispar și nu se mai întorc niciodată în taberele lor îndepărtate.
Otros aparecen con la garganta abierta, muertos en la nieve.
Alții sunt găsiți cu gâtul sfâșiat, uciși în zăpadă.
Alrededor de sus cuerpos hay huellas más grandes que las que cualquier lobo podría dejar.
În jurul corpurilor lor sunt urme – mai mari decât ar putea face orice lup.

Cada otoño, los Yeehats siguen el rastro del alce.
În fiecare toamnă, Yeehats urmează urmele elanului.
Pero evitan un valle con el miedo grabado en lo profundo de sus corazones.
Dar evită o vale cu frica săpată adânc în inimile lor.
Dicen que el valle fue elegido por el Espíritu Maligno para vivir.
Se spune că valea a fost aleasă de Spiritul Rău drept casă a sa.
Y cuando se cuenta la historia, algunas mujeres lloran junto al fuego.
Şi când se spune povestea, nişte femei plâng lângă foc.
Pero en verano, un visitante llega a ese tranquilo valle sagrado.
Dar vara, un vizitator vine în acea vale sacră şi liniştită.
Los Yeehats no saben de él, ni tampoco pueden entenderlo.
Yeehat-ii nu ştiu de el şi nici nu l-ar putea înţelege.
El lobo es grande, revestido de gloria, como ningún otro de su especie.
Lupul este măreţ, învăluit în glorie, ca niciun altul de felul său.
Él solo cruza el bosque verde y entra en el claro.
El singur traversează copacii verzi şi intră în poiana pădurii.
Allí, el polvo dorado de los sacos de piel de alce se filtra en el suelo.
Acolo, praful auriu din sacii din piele de elan se infiltrează în sol.
La hierba y las hojas viejas han ocultado el amarillo al sol.
Iarba şi frunzele bătrâne au ascuns galbenul de soare.
Aquí, el lobo permanece en silencio, pensando y recordando.
Aici, lupul stă în tăcere, gândind şi amintindu-şi.
Aúlla una vez, largo y triste, antes de darse la vuelta para irse.
Urlă o dată – prelung şi trist – înainte să se întoarcă să plece.
Pero no siempre está solo en la tierra del frío y la nieve.
Totuşi, el nu este întotdeauna singur în tărâmul frigului şi al zăpezii.
Cuando las largas noches de invierno descienden sobre los valles inferiores.

Când lungile nopți de iarnă coboară peste văile mai joase.
Cuando los lobos persiguen a la presa a través de la luz de la luna y las heladas.
Când lupii urmăresc vânatul prin lumina lunii și înghet.
Luego corre a la cabeza del grupo, saltando alto y salvajemente.
Apoi aleargă în fruntea haitei, sărind sus și sălbatic.
Su figura se eleva sobre las demás y su garganta está llena de canciones.
Silueta lui se înalță deasupra celorlalți, gâtul său vibrează de cântec.
Es la canción del mundo más joven, la voz de la manada.
Este cântecul lumii mai tinere, vocea haitei.
Canta mientras corre: fuerte, libre y eternamente salvaje.
Cântă în timp ce aleargă — puternic, liber și veșnic sălbatic.

www.ingramcontent.com/pod-product-compliance
Lightning Source LLC
Chambersburg PA
CBHW010031040426
42333CB00048B/2816